Les cinémas francophones ouest-africains
(1990-2005)

Boukary Sawadogo

Les cinémas francophones ouest-africains
(1990-2005)

L'Harmattan

5-7, rue de l'École-Polytechnique ; 75005 Paris
http://www.librairieharmattan.com
diffusion.harmattan@wanadoo.fr
harmattan1@wanadoo.fr
ISBN : 978-2-296-99827-8
EAN : 9782296998278

À mon grand-père Kongré Sawadogo

INTRODUCTION

Les années 1990 ont marqué la fin du monde bipolaire[1] dans les relations internationales, et l'ouverture démocratique en Afrique subsaharienne à la suite du discours de la Baule et des conférences nationales de réconciliation. Parallèlement, les cinémas africains connaissent des changements dans leurs modes de production et de distribution, et aussi sur le plan discursif et esthétique.

Les changements dans les cinémas africains se traduisent, par exemple, par l'émergence des productions de vidéo-films au Ghana et au Nigeria, et de leurs expansions dans les pays francophones ouest africains. Un mode de production qui rend la réalisation de films plus accessible [2], et contribue surtout à une certaine indépendance du cinéaste qui n'est plus soumis à des contraintes imposées par les bailleurs de fonds occidentaux concernant le contenu ou l'esthétique du film. À cet égard, le réalisateur burkinabé Boubakar Diallo parle de l'accès du cinéaste africain à une "souveraineté" artistique et économique. Cette souveraineté constitue-t-elle la solution aux problèmes rencontrés par les cinémas africains ? Nous pensons qu'il est certainement prématuré

[1] Bipolarité sur le plan idéologique et militaire du fait de la rivalité entre les États-Unis et l'ex-URSS. Mais pour certains, on n'est pas aujourd'hui dans un monde unipolaire à cause de l'émergence de plusieurs grands pôles économiques régionaux.

[2] De nos jours, de nombreux réalisateurs africains tournent en vidéo des films qu'ils convertissent en 35mm grâce au kinescopage. C'est le cas par exemple du film *Mec idéal* de l'ivoirien Owell Brown qui a reçu le Prix d'Etalon de Bronze de Yennenga au Fespaco 2011. Certains reprochent aux vidéo-films leur qualité approximative sur le plan artistique.

de répondre par l'affirmative. Un autre aspect des vidéo-films cst le développement des séries télé africaines qui suscitent un grand intérêt de la part du public. Avant ces séries télé, les télévisions africaines diffusaient essentiellement des télénovelas[3] du Brésil, du Mexique ou d'Italie, et des séries policières[4] françaises, allemandes et américaines. Le développement des vidéo-films et des séries télé sont indicateurs de l'émergence d'un cinéma dit populaire. Présentés par certains comme un "cinéma de festival" du fait que les films africains sont plus vus dans les festivals que par le public, les films africains sont aujourd'hui distribués à travers divers canaux dont Internet, Youtube et des DVDs qui sont produits localement ou piratés.

Outre les changements perceptibles dans les modes de production et de distribution, nous apercevons également l'abandon progressif de l'agenda politique qui a longtemps sous-tendu les œuvres des cinéastes. Avant 1990, c'était un engagement des cinéastes pour l'identité culturelle et l'indépendance politique du continent africain. Ce développement du cinéma militant et de revendication résulte, selon Alexie Tcheuyap[5], des actions du FESPACI[6] à travers la Charte d'Alger de 1975 et le Manifeste de Niamey de 1982. Le cinéma africain était présenté comme un instrument de libération politique du continent. Le réalisme était le mode de représentation privilégié pour cadrer avec la mission de conscientisation des masses dont le cinéma avait désormais la charge. Mais à partir de 1990,

---

[3] *Marimar*, *Rosa Salvaje*, *Dona Beija*, *Luz Clarita*, etc.

[4] *Commissaire Maigret*, *Inspecteur Derrick* et *Columbo*.

[5] *Postnationalist African Cinemas*.

[6] Fédération Panafricaine des Cinéastes crée en 1970.

nous assistons à l'émergence, selon Manthia Diawara[7], de nouvelles formes d'esthétique qui sont différentes de la représentation socio-réaliste. Ces nouvelles formes d'esthétique concerneraient l'utilisation du mythe, de l'épopée ou de la comédie, et une maîtrise parfaite par les cinéastes de la narration et de la mise-en-scène. Diawara[8] considère que des cinéastes comme Souleymane Cissé et Idrissa Ouédraogo ont été les pionniers d'une telle rupture, consacrant ainsi l'avènement d'une nouvelle vague de cinéastes africains qui remettent en cause le type de cinéma développé par Sembène. Le changement n'a pas seulement été esthétique, mais porte aussi sur d'autres aspects comme la thématique et l'espace de référence dans les films. Une diversité thématique qui va au-delà des sujets de préoccupation politique pour inclure les défis de la vie quotidienne pour les populations, la sexualité, l'amitié, l'amour, etc. De même, les films[9] ne sont plus réalisés dans une perspective strictement didactique parce que l'accent est de plus en plus mis sur le divertissement du public. Ce dernier peut désormais fréquenter les salles de cinéma pour rêver ou partager des émotions entre amis. Par ailleurs, l'Afrique comme une entité monolithique et l'opposition culturelle entre Afrique et Occident cessent progressivement de représenter l'espace de référence dans les films. Il s'agit désormais de l'individu, de la famille ou de la communauté qui est représentée à travers ses contradictions, son désir d'épanouissement et ses défis au

[7] *African Film : New Forms of Aesthetics and Politics*.

[8] p. 96.

[9] Des films policiers comme *Traque à Ouaga* (2004) et *Code Phoenix* (2005), des films westerns africains comme *L'or des Younga* (2006), et des films d'amour comme *Julie & Roméo* (2011), tous réalises par Boubakar Diallo

quotidien. Ce sont ainsi des productions cinématographiques africaines qui sont ouvertes aux influences extérieures et au développement des nouvelles technologies tout en puisant dans la richesse culturelle du continent.

Les pratiques et le langage cinématographiques évoqués plus haut montrent clairement l'amorce d'une certaine révolution à partir des années 1990 en Afrique de l'Ouest. Les recherches académiques sur les cinémas africains commencent à s'orienter vers l'examen de ces changements. Kenneth Harrow, Alexie Tcheuyap et Manthia Diawara font écho, dans leurs récents ouvrages[10], de ces évolutions dans les cinémas africains. Harrow et Tcheuyap insistent sur la désuétude de la thématique de l'engagement politique dans les films, et proposent une refonte des grilles de lecture des cinémas africains. Harrow présente l'approche critique postmoderniste comme celle la plus mieux apte à rendre compte de ces changements alors que Tcheuyap appelle à une plus grande attention à la pluralité et diversité des cinémas africains. En ce qui concerne Diawara, il souligne la rupture et la continuité dans la cinématographie de Sembène Ousmane ; une référence qui a façonné le cinéma africain. Ainsi, ces travaux théoriques constatent et proposent de nouvelles pistes de lecture des importants changements intervenus dans les productions cinématographiques africaines après 1990.

Cependant, il faut reconnaître qu'il n'existe pas à ce jour d'études approfondies sur des aspects précis de ces changements au-delà du constat qui est fait sur les nouveaux moyens de production et distribution,

---

[10] *Postcolonial African Cinema: From Political Engagement to Postmodernism*, *Postnationalist African Cinemas*, et *African Film: New Forms of Aesthetics and Politics.*

l'influence de la mondialisation, et l'appel à la formulation de nouvelles approches critiques par certains chercheurs. Nous pensons qu'il s'agit d'un vide qu'il faudrait combler dans la recherche en examinant par ces changements des cas concrets comme par exemple, la représentation de l'homosexuel, du fou et de la femme.

Notre choix thématique est motivé par deux raisons principales à savoir, d'une part la pertinence du sujet de recherche à illustrer concrètement les changements intervenus à travers des exemples de rupture et de continuité, et d'autre part l'originalité de ce travail de recherche sur les figures de marginalité dans les cinémas ouest africains francophones.

Rupture et continuité semblent constituer les traits caractéristiques des changements notables dans les productions cinématographiques africaines post 1990. L'ouvrage[11] de Manthia Diawara s'inscrit dans ce sens lorsqu'il interroge les changements en termes de dépassement et de continuité de l'héritage cinématographique de Sembène. À travers le traitement filmique de la femme et des figures de marginalité, nous apercevons une certaine rupture et continuité dans les pratiques cinématographiques à propos de la représentation et du discours autrefois militant. Il s'agit de représenter la femme autrement avec l'intention de lui rendre une justice sociale en montrant la place centrale qu'elle a toujours occupée dans la vie et l'organisation communautaires. En d'autres termes, c'est rendre à la femme le mérite qui ne lui est pas souvent reconnu en dépit de ses sacrifices au quotidien et de son rôle dans l'histoire de nombreuses sociétés ouest africaines. C'est également une image de la femme qui est différente de celle de la femme réduite à la vie du foyer ou totalement

---

[11] *African Film : New Forms of Aesthetics and Politics.*

dominée par l'homme. Ainsi, il s'agit d'une représentation innovante dc la femme comme leader, catalyseur de changements positifs dans la société, et pleine d'ingéniosité face aux défis quotidiens. Par ailleurs, la rupture se remarque également au niveau de la diversité thématique de sorte que l'auto-censure des cinéastes propos disparaît progressivement. Traiter de sujets sensibles comme l'homosexualité, l'excision ou du suicide des enfants[12] n'est plus en soi un tabou.

Pour ce qui a trait à la continuité dans les pratiques cinématographiques post-1990, elle porte notamment sur la prise de parole de minorités et de groupes opprimés. C'est le cas des homosexuels qui luttent pour faire admettre leurs pratiques sexuelles, et du fou présenté comme une figure de résistance et porte-parole des opprimés. Il faut toutefois reconnaître qu'une représentation similaire du personnage du fou existe dans la littérature[13] africaine où il incarne plutôt la désillusion des intellectuels africains après leur retour au pays, le conflit identitaire au contact de la culture occidentale ou l'oppression de régimes autoritaires. Les nombreux travaux académiques sur le personnage du fou dans la littérature africaine analysent principalement la folie comme une incapacité à concilier deux cultures ou sous l'angle du traumatisme de la violence politique. Mais très peu d'écrits existent sur la représentation du fou au cinéma à l'exception de l'ouvrage[14] de Momar Désiré Kane où

[12] Les deux courts métrages *Denko* (1992) et *Minka* (1994) de Mohamed Camara traitent du suicide de jeunes enfants.

[13] *Les Contes d'Amadou Koumba* de Biraogo Diop, *L'Aventure ambiguë* de Cheikh Hamidou Kane, *Piège sans fin* de Olympe Belly Quenum , et *L'histoire du fou* de Mongo Beti.

[14] *Marginalités et errance dans la littérature et le cinéma africains francophones : Les Carrefours mobiles.*

celui-ci en a proposé une très brève analyse avec des exemples tirés de la littérature et des cinémas africains francophones. L'intérêt de notre travail sur le sujet réside dans le fait qu'il comble un vide causé, à savoir l'absence de recherches qui explorent la particularité de la représentation cinématographique du fou. Une telle étude permet d'analyser le du discours sur la marginalité, les dispositifs de narration et les choix esthétiques que cela implique au plan filmique. L'originalité de notre présent travail de recherche touche également d'autres domaines dont l'homosexualité et la représentation de la femme.

La thématique de la sexualité présente dans les cinémas ouest africains à travers le traitement de l'excision et de l'homosexualité. Un constat que partage Petty Sheila[15] lorsqu'elle affirme que "African cinema is increasingly turning to questions of sexuality and politics that extend beyond the previous boundaries of cinematic art" (96). Le traitement de l'homosexualité suscite plusieurs interrogations auxquelles cet ouvrage apportera des analyses qui sont absentes des recherches académiques d'expression française en Afrique. En particulier, il s'agit de voir comment la fonction reproductrice de la sexualité et les normes sociales de la masculinité conditionnent la perception et la représentation des homosexuels dans des sociétés ouest africaines. C'est également l'occasion de réfléchir sur la polémique que suscitent souvent les films homosexuels et aussi de s'interroger sur le public cible de ces films. Pour l'intérêt de cette réflexion, nous emprunterons à Florence Tamagne[16] la définition de l'homosexualité comme étant "une forme de sexualité

[15] "The Rise of the African Musical: Postcolonial Disjunction in *Karmen Geï* and *Madame Brouette*".

[16] *Mauvais genre : une histoire des représentations de l'homosexualité*.

dans laquelle l'attirance sexuelle est dirigée vers une personne du même sexe" (6). Cette définition sera prise dans son sens le plus large en incluant les différentes composantes qui sont regroupées sous le vocable de *queer*, à savoir les gay, lesbiennes, transsexuels, transgenres, bisexuels et travestis. Tout en s'inspirant de la théorie *Queer* dans notre analyse, nous allons privilégier son courant "constructionniste" pour démontrer les facteurs qui président à la perception et représentation des homosexuels. À propos de la théorie *Queer*, Tamagne souligne que

> [...] parmi les historiens de l'homosexualité, il est d'usage de faire la distinction entre les "essentialistes" comme John Boswell, qui supposent la permanence d'une culture et d'une conscience homosexuelle, et les "constructionnistes", ou queer, qui, s'inscrivant dans le sillage de Michel Foucault (246)

Pour l'étude de la perception et de la représentation des homosexuels, nous avons choisi un corpus constitué de trois films dont *Dakan*, *Woubi chéri* et *Karmen Geï.*

Dakan est le premier film homosexuel d'Afrique francophone ; et *Woubi chéri* explore la pratique homosexuelle à partir de la perspective des homosexuels abidjanais. *Karmen Geï* se distingue par la liberté sexuelle du personnage principal de Karmen et la transgression par celle-ci des normes de la sexualité féminine qui sont admises dans la société. L'homosexualité et la révolte féminine caractérisent, selon Frieda Ekotto, le traitement de la question des "oubliés" dans les cinémas africains francophones d'après 1990. Au sujet de la femme, ce présent travail de recherche examine particulièrement la représentation innovante de la femme dont l'intérêt réside dans l'examen d'une part de la corrélation entre dimensions discursive et cinématographique de la représentation de la femme, et d'autre part de l'approche déconstructive qui sous-tend cette représentation innovante.

Plusieurs éléments dénotent cette représentation innovante dont l'héroïsme au quotidien, et la prise de parole et du pouvoir par la femme. Cette dernière assume pleinement le rôle de pourvoyeur de la famille dans un contexte socio-culturel où ce rôle est dévolu à l'homme. Par son ingéniosité et ses initiatives au quotidien, la femme présente l'image de l'héroïne qui défie les attentes sociales liées à son statut et sa place dans la société. C'est une représentation de la figure de la femme qui inspire admiration et fierté par opposition aux sentiments de compassion ou de pitié que suscite l'image de la femme impuissante. La femme n'est pas seulement l'héroïne au quotidien, mais également celle qui est porteuse de changement social et politique du fait de son dynamisme dans le secteur économique [17]. En outre, le nombre croissant de films réalisés par des femmes offrent une autre perspective sur la question féminine car, selon Laura Mulvey[18], l'image que la femme au cinéma ne représente que les désirs et fantasmes de l'homme. Il serait ainsi judicieux d'une part d'analyser le cinéma au féminin en essayant de dégager ses traits caractéristiques à travers la narration et la représentation des personnages féminins, et d'autre part de proposer une étude comparative entre le cinéma des réalisateurs et réalisatrices ouest africains sur, par exemple, la thématique de la folie.

---

[17] Les personnages de Mina, Kiné et de Bintou en sont des exemples dans respectivement *Une femme pas comme les autres*, *Faat Kiné* et *Bintou.*

[18] "Visual Pleasure and Narrative Cinema".

Un certain nombre de raisons peuvent être avancées pour expliquer l'avènement de cette représentation innovante de la femme dans les cinémas ouest africains francophones à partir des années 1990. Tout d'abord, nous pouvons parler de "réappropriation historique" pour caractériser cette représentation de la femme qui va au-delà de l'image de la femme soumise et victime à laquelle a contribué le discours religieux et colonial sur la place de la femme dans la société. C'est une tendance qui est similaire à la "réappropriation du regard"[19] au lendemain des indépendances par les Africains pour projeter leurs propres images. Les deux mouvements font souvent recours au mythe[20], figures et événements historiques pour rétablir la vérité. La représentation innovante participe donc de la lutte pour une meilleure condition de la femme en proposant une autre image de la femme qui serait susceptible de rendre les différentes composantes de la société plus perceptibles au changement sur la condition de la femme africaine. Ensuite, une autre raison qui pourrait rendre compte de l'avènement de la représentation innovante de la femme réside dans ce que Kenneth Harrow[21] considère comme "the diminished paternal figure in modern fiction" en Afrique ; et cela aurait eu pour corollaire la montée du "clitoral power". Dans son analyse, Harrow démontre que la figure du père tout-puissant a été fragilisée non seulement par le système colonial où l'homme occupait au mieux des postes de subalterne, mais aussi l'indépendance qui a permis à la femme de s'affranchir de la tutelle de l'homme par

---

[19] Olivier Barlet

[20] Mythe sur l'origine du masque dans *Taafe Fanga*, et mythe de la création du monde dans *Yeelen*, *Keita, l'héritage du griot*, *Sia, le rêve du python*.

[21] "What an Old Man Like You Doing with a Saignante Like Me".

l'éducation (191). Une situation qui conduit au "pouvoir du clitoris" comme le montre Harrow dans son analyse du film *Les Saignantes* de Jean-Pierre Bekolo. Les deux raisons susmentionnées présentent ainsi différentes perspectives, mais elles concourent toutes à montrer le changement qui a lieu à propos de la représentation de la femme dans les cinémas africains.

Après avoir situé le contexte général de notre travail de recherche, montré son originalité et défini les principaux axes thématiques de notre réflexion, nous allons maintenant préciser le sens et l'étendue de la portée d'un certain nombre de termes qui peuvent être sujets à plusieurs interprétations. C'est le cas particulièrement des termes d'altérité et d'engagement.

La notion d'altérité est transversale au traitement thématique de l'homosexualité, du fou et de la femme dans une moindre mesure. Il convient d'abord de souligner que l'altérité dont il s'agit dans cette recherche ne s'inscrit pas dans celui du discours colonial où la question de l'Autre est très souvent posée en termes de sujet colonisé et colonisateur ou encore de Noir et Blanc. Ce n'est donc pas l'Autre dans une relation de pouvoir et de subordination, mais il s'agit plutôt pour nous d'appréhender les mutations et les problèmes des sociétés africaines, à travers des figures de marginalité, que le medium cinématographique met en scène. La réflexion sur la représentation et la perception de l'Autre porte spécifiquement sur les films traitant de l'homosexualité et ceux mettant en scène la figure du fou.

Outre la notion d'altérité, celle d'engagement constitue également un dénominateur commun dans le traitement filmique de l'homosexuel, du fou et de la femme. Tout d'abord, une mise au point est nécessaire sur l'engagement comme thématique de recherche et grille de lecture critique des cinémas africains. L'engagement politique des cinéastes africains comme thématique de recherche [22] académique est un champ suffisamment exploré de sorte que nous risquions des redites si nous avions décidé d'en faire notre sujet de réflexion. Par ailleurs, l'engagement politique des cinéastes africaines ne touche qu'accessoirement des aspects de notre travail. Ensuite, l'engagement comme grille de lecture critique des cinémas africains se focalise principalement autour de la critique coloniale et postcoloniale avec des régimes autoritaires. C'est aussi une grille de lecture critique où ce sont les intentions supposées ou réelles du cinéaste qui sont mises en avant ; et celle-ci présente rarement une différente perspective comme par exemple celle du spectateur ou du groupe dont le cinéaste défendrait les intérêts. Alors, nous entendons par engagement la prise de parole par des groupes sociaux marginalisés pour acceder au centre, à savoir se faire accepter dans la société et améliorer leur situation au niveau individuel et collectif. L'engagement sera aussi examiné sous l'angle d'"embarquement" selon Tanella Boni[23] qui affirme : "je parlerai d'embarquement plutôt que d'engagement. Camus dans son *Discours de Suède*, nous autorise à employer ce mot "tout artiste ; dit-il, est embarqué dans la galère de son temps" [...] Etre embarquée, c'est peut-être choisir de ne pas se taire, de ne pas baisser les bras, au moment où les difficultés s'amoncellent" (32). Ainsi, c'est la prise de parole pour briser le silence ou le tabou et revendiquer un changement positif par rapport au statu-quo.

Enfin, notre travail de recherche sera structuré en trois chapitres dont le premier porte sur le cadrage théorique et

---

[22] *Black African Cinema* de Frank Ukadike, et les nombreux ouvrages et articles sur Sembène Ousmane.

[23] "L'engagement philosophique féminin".

l'approche méthodologique, le second aborde l'altérité dérangeante, et le troisième traite de l'altérité innovante. Le premier chapitre pose les bases de la réflexion en insistant sur la nature du medium filmique et ses mutations, la marginalité, et l'engagement social et politique à travers le féminisme. Le deuxième chapitre examine, à travers des films choisis, la perception et la représentation des homosexuels africains, et les rôles joués par le personnage du fou. Le troisième chapitre explore d'une part l'héroïsme au quotidien et la prise du pouvoir par la femme, et d'autre part la question de la sensibilité féminine dans la création artistique. Les approches interdisciplinaire et comparative seront privilégiées dans la démarche pour non seulement répondre à la nature de la problématique étudiée, mais également pour enrichir l'analyse.

Chapitre 1. CADRAGE THÉORIQUE ET APPROCHE MÉTHODOLOGIQUE

I. Nature du film et mutations

A. Le réel au cinéma: réalité ou construction

L'interrogation sur la nature du film, c'est-à-dire la question du réel et de l'imaginaire au cinéma revêt une importance historique, pratique et idéologique surtout dans le contexte africain. Le medium cinématographique a servi pendant des décennies, comme le souligne Olivier Barlet[24], de moyen de représentation juste et non biaisée de la société africaine et de lecture critique de l'histoire. Le cinéma devient ainsi un outil d'expression culturelle, identitaire, et de réappropriation du regard de / sur soi-même. Si la représentation de la société et de l'histoire africaines sont récurrentes dans les cinémas africains, on peut se demander si le cinéma constitue le miroir qui reflète la société ou si la mise en film relève du domaine de l'imaginaire ou encore si c'est une combinaison au-delà du réel et de l'imaginaire.

1. Cinéma-miroir: le reflet du réel

Déjà à ses débuts avec les frères Lumière, le cinéma présentait un côté réaliste avec les "vues " sur les beautés de la nature et la vie professionnelle comme le travail à l'usine. Ces vues cherchaient à représenter le monde réel tel qu'il s'offre à percevoir, comme par exemple les scènes de la sortie des usines Lumière filmées par les frères Lumière. Dans ces "vues ", il existait déjà une tentative de reproduction de la réalité, mais aussi une certaine mise en scène. Cette tendance à montrer la réalité

---

[24] *Les Cinémas d'Afrique noire : Le regard en question*

est perceptible dans les productions du cinéma colonial et de celles des années 1960 et 70 en Afrique à travers les reportages sur l'actualité politique et pour la sensibilisation sur la prévention de maladies infectieuses et la vulgarisation de meilleures techniques agricoles. La structure narrative inspirée de l'oralité fait ressortir des aspects réflexifs concernant le rôle du griot sur le plan didactique et comme gardien de la mémoire collective. C'est ainsi que par exemple la "caméra-griot" (209) est présentée par Tcheuyap pour établir une typologie des cinémas africains, et faire le parallèle entre le rôle du griot et celui du cinéaste moderne.

S'il y a une similarité réaliste entre les débuts des cinémas européen et africain, il faut néanmoins noter que cela est sous-tendu par différentes raisons. À ses débuts en Europe, le medium cinématographique était au stade d'expérimentation de différentes techniques et formes, et la reproduction de la réalité à l'image de la photographie constituait un centre d'intérêt pour les premiers "cinéastes". De même, le mouvement littéraire naturaliste avec des auteurs comme Zola aurait peut-être aussi influencé la tendance réaliste du cinéma européen embryonnaire de la fin du 19e siècle. Pour Zola, le roman est le miroir qui reflète la société. C'est une perception de la fonction du roman que partage aussi Stendhal[25] lorsqu'il dit de ce dernier que c'est un miroir que l'on promène le long de la route. Quant au cinéma africain, ses fonctions didactique et militante ont contribué à représenter de façon réaliste la société africaine et les problèmes auxquels elle est confrontée.

Le documentaire et le cinéma direct sont deux formes de pratiques cinématographiques qui ont fortement défini le rapport du cinéma à la réalité par une approche qui

---

[25] *Le Rouge et le noir.*

privilégie d'une part l'instantanéité, et d'autre part la lecture d'une situation à partir d'une perspective autre que celle du réalisateur. L'histoire présentée de la perspective du sujet filmé accentue la perception du film comme un "filtre de la réalité", et le documentaire comme un genre qui présente le réel sans déformation pour impulser un changement social ou politique. Cette fonction militante s'inscrit dans le documentaire social avec ce que Jean Breschand [26] qualifie d'école de John Grierson où le documentaire devient "le lieu de prise de conscience" (15). Cela est particulièrement remarquable non seulement dans le cinéma africain lusophone où le documentaire est beaucoup utilisé dans le cadre de l'engagement politique, mais aussi dans les cinémas francophones ouest africains avec le traitement de thèmes sociaux comme l'homosexualité ou la condition de la femme.

Comme dans le documentaire, le direct apporte une certaine réponse à l'interrogation sur le "statut du réel face à la camera" (Breschand 3). L'introduction de nouvelles technologies, dont le son synchrone et la camera portée qui est plus légère et flexible, permet de "participer" à l'événement et de "créer" l'événement. Avec le cinéma direct, la réalité n'est pas seulement présentée au spectateur, ce dernier a aussi l'impression de participer à l'action, à l'image des récents films à trois dimensions (3D) avec l'approfondissement du champ. Cela modifie, dans la perception, le rapport du spectateur à l'image. C'est une transformation novatrice de la représentation de la réalité avec le cinéma direct parce que "le réel n'est pas posé devant la caméra comme une scène devant un

[26] *Le Documentaire : L'autre face du cinéma.* La représentation des scènes de la vie quotidienne constitue une autre forme de présenter le réel au cinéma avec John Grierson qui est considéré comme le père du documentaire.

spectateur. Grace à sa nouvelle autonomie, la camera peut aller au centre d'un événement" (Breschand 28). Ce pouvoir d'aller au centre de l'événement et de faire corps avec celui-ci est notable dans l'œuvre cinématographique de Jean Rouch à travers l'ethno-fiction à savoir un mélange de documentaire et de fiction avec un fond ethnographique. Le direct constitue aussi l'expression d'un point de vue, à savoir celui du cinéaste qui décide de ce qu'il veut faire voir aux spectateurs. Par exemple dans le film *Les Maîtres-fous* de Rouch, le spectateur ne regarde pas seulement les rituels des Haoukas, mais aussi il vit et "participe" à ces rituels en même temps que la camera se promène sur les visages des personnages. Tout comme le documentaire, le direct et l'ethno-fiction se veulent plus proches de la réalité dans la représentation de la société dans toute sa diversité. Le cinéma apparaît alors comme un miroir qui reflète la réalité sous le prisme de l'engagement social et politique. La réalité projetée a ainsi un double objectif, soit de rejeter les préjugés ou les idées reçues sur une question donnée en établissant la vérité par une démarche de remise en cause, soit d'inciter à l'action ou à l'engagement social par la présentation de certaines problématiques.

La mise en film des pratiques rituelles et sociales par Rouch comporte des similarités avec l'approche sociologique du cinéma développée par Siegfried Kracauer. Cette approche de Kracauer présente le cinéma comme le lieu privilégié pour étudier une problématique à partir des motivations profondes des différents acteurs sociaux d'un groupe à une certaine époque de son histoire. Par exemple, le film documentaire *Woubi Chéri* de Philip Brooks et Laurent Bocahut analyse avec beaucoup de profondeur les problèmes d'identité et de marginalisation auxquels sont confrontés les homosexuels ivoiriens dans le contexte urbain d'Abidjan à la fin des années 1990. Vu sous cet angle, le cinéma est alors considéré comme un medium qui montre les facettes de la réalité sociale ou les preuves qui concourent à l'établissement de la vérité ; et c'est en ce sens que le film reflète la réalité sociologique du groupe. Ainsi, même avec l'incorporation d'effets spéciaux ou la création de la diégèse par le montage, le film demeure un medium qui traduit une réalité sociologique comme le souligne Emmanuel Ethis dans son ouvrage, *Sociologie du cinéma et de ses publics* :

> [...]même la fiction filmique la plus artificielle qu'on puisse imaginer, faite de décors irréels, de comédiens habillés en costumes improbables, de dialogues surjoués à l'extrême, est porteuse d'expressions propres à caractériser une culture et une époque (53).

Et même dans des films de fiction comme *Dakan* de Mohamed Camara et *Karmen Geï* de Joseph Ramaka Gaï qui traitent entièrement ou partiellement d'homosexualité dans les sociétés africaines, il y a toujours en arrière-fond la complexité de la réalité sociale qui est mise en scène à travers ses différents acteurs et tensions. Par exemple, *Dakan* peint un tableau de la société guinéenne où la représentation de la masculinité, la fonction reproductive de la sexualité et la pérennité de la lignée familiale sont autant d'éléments qui ne militent pas en faveur d'un certain compromis avec l'homosexualité masculine.

Si le cinéma peut refléter la réalité sociale, ce n'est pas seulement en reproduisant une photocopie de la réalité visuelle, mais c'est aussi par l'engagement du cinéaste pour la défense de causes sociales et politiques. Une certaine abstraction caractérise les créations artistiques dont le film, mais celui-ci retient un lien avec la réalité de son contexte social, culturel et historique. L'empreinte de cette réalité est visible dans le style du réalisateur, la réception du film par le public, et les thématiques abordées.

À travers le documentaire, l'ethno-fiction, les thématiques sociales et politiques, le film se présente comme un medium qui traite de la réalité ou du réel tel qu'il s'offre à nous. C'est le miroir qui est censé nous renvoyer une image fidèle du réel. Mais, c'est justement au niveau de la perception du réel que nous constatons que la mise en film comporte une certaine illusion de la réalité à travers la représentation de l'image cinématographiée. Cette dernière donne l'illusion de mouvement dans un espace diégétique où le montage joue un rôle primordial dans la définition du temps de la narration. Ainsi par exemple, aussi parfaite que puisse être une photo, elle n'est pas l'objet photographié, et l'image n'est pas le réel représenté. C'est pourquoi la mise en scène est présente dans les documentaires, et la caméra participante modifie les paramètres du réel dans l'ethno-fiction. Dans ce contexte, nous pouvons parler de construction de la réalité au cinéma. La construction de la réalité cinématographique va au-delà du réel pour intégrer l'imaginaire.

2. Construction cinématographique du reel

L'expression populaire "c'est du cinéma" pour qualifier quelque chose de fictionnel illustre bien la perception du domaine cinématographique comme un monde d'illusions par le truchement d'effets spéciaux. Dans ce contexte, le cinéma est perçu d'une part comme un moyen d'évasion et de divertissement qui permet au spectateur d'échapper au temps présent, et d'autre part comme un univers parallèle où s'expriment les fantasmes du réalisateur. Le cinéma est donc un art qui laisse une grande marge de créativité au cinéaste qui se sert de différents moyens comme les techniques de montage et le mode de narration pour construire la réalité filmique.

Si la fiction à travers l'histoire racontée est au centre de la diégèse, il convient de la relativiser avec Edgar Morin qui parle plutôt de "double nature" du film car une œuvre cinématographique combine le réel et l'imaginaire, et c'est en cela qu'il faut analyser le film par lui-même. C'est une lecture critique du film qui n'intègre pas le *background* du réalisateur ou le contexte socio-économique mais privilégie plutôt l'image et le texte dans sa démarche. C'est une approche qui a ses mérites, mais nous pensons qu'elle présente aussi des insuffisances quant à la connaissance sur les influences qui ont pu motiver les choix esthétiques du cinéaste, les conditions de production, de distribution et de réception qui sont autant de paramètres importants dans l'examen critique d'un film. Pour les cinémas francophones ouest africains, ces paramètres susmentionnés trouvent toute leur importance dans l'analyse de l'engagement politique et social de Sembène. Tirailleur et militant syndicaliste, Sembène a reçu sa formation cinématographique dans l'ex-république soviétique. Ce sont des expériences qui ont influencé l'œuvre cinématographique de Sembène dans sa critique de l'injustice sociale et de l'Afrique postcoloniale. D'autres exemples comme l'explosion actuelle du support numérique haute définition dans la production de vidéofilms et des séries télévisées sont des réponses locales et adaptées pour surmonter les difficultés rencontrées dans la production et la distribution dans la sous-région. De tels aspects du paysage cinématographique ouest africain ne doivent être occultés au profit d'une analyse du film uniquement par lui-même.

En tant que création artistique et moyen de communication, le film a une nature qui dépasse la distinction entre réel et imaginaire. Le film construit une réalité à partir du montage, c'est-à-dire un espace diégétique dont on accepte les règles lorsqu'on entre dans le film. C'est à cette réalité filmique que fait référence Pierre Sorlin lorsqu'il affirme que le film “capte un fragment du monde extérieur, le réorganise, lui donne une cohérence et produit à partir du continuum qu'est le monde sensible, un objet fini, abouti, discontinu et transmissible” (270). Il ne s'agit pas de parler de réel ou d'imaginaire mais plutôt de construction de la réalité cinématographique.

Ainsi, l'analyse du statut du réel dans le film peut se résumer en trois principales orientations qui présentent principalement l'œuvre filmique comme un reflet miroir de la réalité, une création fictionnelle de nature complexe et une construction d'une autre réalité par le montage. En plus de ces trois orientations dans l'analyse de la nature du film, d'autres éléments comme le cinéma d'auteur, et la portée sociale, politique ou psychologique de l'œuvre éclairent aussi sur la lecture d'un film. Pour mieux naviguer entre le réel, l'imaginaire, la construction de la réalité filmique et les désirs du cinéaste afin de découvrir la vérité, de nouvelles approches critiques du cinéma africain sont de plus en plus prônées pour sortir des sentiers battus dans un environnement cinématographique en constante mutation.

B. Vers un nouveau visage des cinémas africains

De nombreux changements sont aujourd'hui observables dans le domaine cinématographique avec le tarissement des sources de financement traditionnelles, une réorientation du discours panafricaniste, et l'accent qui est de plus en plus mis sur l'individu au lieu du groupe.

1. Cinématographies nationales en mutations

Conformément à la Charte d'Alger de 1975 qui consacrait le cinéma du continent comme un outil de libération politique, le cinéma avait alors adopté un discours panafricaniste sur les injustices de la colonisation, le désenchantement face aux indépendances, la corruption et les dictatures. C'était le temps de révisiter la version coloniale de l'histoire avec *Camp de Thiaroye* de Sembène ou de célébrer les héros de la résistance comme dans *Saraouina* de Med Hondo. Le vocable de cinéma africain est très usité au grand dam de cinéastes et de critiques africains comme Paulin Soumanou Vieyra qui refusaient une telle expression englobante du fait qu'on ne parle pas de cinémas américain, asiatique ou européen mais plutôt de cinématographies nationales. La revendication au début des années 90 des cinéastes africains de la deuxième et troisième génération à se faire connaître comme cinéastes burkinabé, malien ou sénégalais coïncide avec un certain changement du discours filmique et une focalisation sur le local. Le passage du discours panafricaniste à une narrative s'inscrivant dans le cadre national voire local avec une communauté donnée permet de porter une attention toute particulière sur l'individu. C'est le regard de la société sur l'individu ou tel que ce dernier se perçoit face aux normes et rôles sociaux que lui impose le groupe. C'est le cas des films sur la condition féminine et la marginalité qui examinent la place de l'individu dans la communauté.

Le regard de la société sur l'individu et sa représentation est une pratique qui s'est ancrée dans les productions cinématographiques d'Afrique de l'Ouest francophone à partir des années 1990. Cette date marque la démocratisation de la vie politique dans les Etats africains avec le discours de la Baule conditionnant l'aide économique à l'ouverture politique. Avec ce changement politique annoncé, l'espoir de l'amélioration des conditions de vie des populations semble donc être permis. Ainsi, les cinéastes s'intéressent désormais à la réalisation de cet espoir en actes concrets dans la vie quotidienne comme par exemple la liberté d'expression, l'égalité de traitement et le droit à disposer de son corps qui sont garantis dans les démocraties, d'où la réalisation de films sur les marginaux ou les opprimés. En plus de l'aspect politique, la dimension économique a également contribué à une innovation dans le financement, la production et la distribution des films ouest africains. Face à une réorientation des priorités des bailleurs de fonds désireux d'accroître leur influence dans les anciens pays du bloc soviétique d'Europe de l'Est, aux conséquences économiques des Programmes d'Ajustement Structurel de la Banque Mondiale, et à la dévaluation du Franc CFA en janvier 1994, les cinéastes se tournent vers la vidéo. Ce recours à la vidéo ne règle pas uniquement la question des coûts de production et les problèmes de distribution, mais contribue également à développer un cinéma populaire qui, par ses caractéristiques, privilégie les intrigues ou les sujets à travers lesquels la population peut facilement se reconnaître. Parlant des caractéristiques du cinéma populaire, Emmanuel Sanou[27], Secrétaire général adjoint de l'Association des Critiques de Cinéma du Burkina (ASCRIC-B), soutient que : "l'une des caractéristiques de ce cinéma, c'est qu'il s'agit de productions locales pour une consommation locale". Selon Boubakar Diallo, qui symbolise la réussite dans l'exploitation du support numérique Haute Définition au Burkina Faso, les films populaires conduisent à une "souveraineté artistique" avec la maîtrise des coûts par le cinéaste et le développement

---

[27] Bicaba, Ismaël. "Cinéma d'auteur, cinéma populaire : Un même métier, deux visions différentes" *Sidwaya* du 2 mars 2007.

du cinéma burkinabé et africain avec un engouement sans conteste du public pour ce genre de cinéma. La réussite des séries télé burkinabé et ivoiriennes dans la sous-région et l'enthousiasme du public burkinabé pour les réalisations de Boubakar Diallo tournées en HDV ou HDCAM témoignent de l'ancrage de ce cinéma.

Cette innovation avec les potentialités qu'offre la vidéo numérique ainsi que le changement intervenu au niveau du discours pour interroger la place de l'individu dans le groupe enrichissent les cinématographies nationales, et il faut maintenant se munir d'outils adéquats pour les analyser.

2. Appel à de nouvelles approches critiques

Plusieurs voix s'élèvent parmi les critiques africains pour appeler à la formulation de nouvelles approches critiques qui prennent en compte le développement, la spécificité et la richesse des cinémas africains. Des propositions qui comprennent les approches postmoderniste et féministe ou une critique qui serait africaine par sa conception. C'est ainsi que Alcény Saidou Barry, Secrétaire général de l'ASCRIC-B, appelle à l'avènement d'une critique africaine qui n'est pas une mimétique de la critique française. Quant à Kenneth Harrow, il prône l'adoption de nouvelles approches critiques dont le postmodernisme pour analyser les productions cinématographiques africaines.

Ces rejets de la critique mimétique et de l'immobilisme sont révélateurs d'un manque d'outils critiques appropriés pour mieux appréhender le changement dans les cinématographies nationales africaines. Alcény Saidou Barry déplore le fait que la culture africaine ne serve pas de cadre de référence aux critiques africains qui articulent leurs analyses sur une “approche européocentriste [...] à travers la grille des canons helléniques et occidentaux"[28]. S'il faut trouver ses propres canons en redéfinissant le film africain, Alcény Saidou Barry pense que l'analyse de la réception du film apparaît plus opératoire et novatrice au lieu de continuer d'utiliser des "outils surannés". Dans son dernier ouvrage[29], Kenneth Harrow propose qu'on passe de la grille de lecture réaliste du cinéma africain à celle inspirée de la théorie du post-modernisme qui dépasserait les paradigmes de "Surface/Depth" et "Inside/Outside" car ces derniers continueraient d'enfermer le cinéma africain dans un débat de catégories, de relation à l'autre et d'authenticité à l'ère de la mondialisation où il y a un brassage et un échange culturel continu entre les peuples. Il est vrai que l'approche moderniste qui fonctionne sur le paradigme moderne/traditionnel ou moderne/primitif ne rendrait pas un grand service à la lecture des cinémas africains parce la modernité est très souvent associée à l'Occident. En outre, la proposition de l'approche postmoderniste par Harrow connaît des limites parce qu'on est en droit de se demander si les cinémas africains sont suffisamment intégrés dans ce processus de mondialisation. Il nous paraît donc prématuré d'évacuer totalement l'approche réaliste et ses variantes, même si le contexte politique qui a vu sa naissance et son développement dans la critique a changé par rapport au contexte actuel. De même, il faut noter que l'approche socio-réaliste garde toute sa pertinence dans l'examen critique de la représentation de la société africaine.

Même si le cinéma africain opère aujourd'hui dans un contexte de mondialisation, il est tourné vers la

[28] "Pour une autre critique de cinéma" *L'Observateur Paalga* du 24 juin 2010.

[29] *Postcolonial African Cinema: From Political Engagement to Postmodernism.*

consommation locale avec des séries télé connaissant un grand succès ou des films qui traitent de thématiques sociales à controverse. Si toute critique, comme le soutient Paulin Vieyra, naît avec l'objet ou la création qu'elle analyse, alors l'approche socio-réaliste et la réception du film sont les deux outils analytiques qui cadrent mieux avec les thématiques abordées, le genre et le support utilisés dans les cinémas africains d'aujourd'hui.

La démystification est une notion qui peut enrichir la critique des productions africaines. Il s'agit de la quête du sens profond des choses à travers la déconstruction. C'est le cas particulièrement, selon Harrow, de films africains postmodernistes et féministes. *Un certain matin* de Fanta Regina Nacro et *Parlons Grand-mère* de Djibril Mambéty Diop sont deux exemples de films africains que Harrow considère comme postmodernistes. Selon Harrow, ces deux films démystifient le processus de réalisation de film en montrant que la réalité au cinéma est une construction par le montage et la mise en scène. *Parlons Grand-mère*, un film de Mambéty Diop sur les coulisses de la réalisation du film *Yaaba*, éclaire le spectateur sur les jeux de rôles et la mise en scène au cinéma. Le film de Nacro se présente comme une réflexion sur la définition du cinéma et la notion de réalité au cinéma. Le personnage de Tinga dans le film tissait une chaise en bois lorsqu'il a entendu les cris d'une femme poursuivie par un homme dans la plaine. Croyant alors assister à une scène de maltraitance d'une femme par un homme, Tinga tire sur l'homme avec son fusil avant de prendre la fuite lorsqu'il fut informé après son acte qu'il s'agissait du tournage d'une scène de film. Cette même démarche explicative est aussi perceptible dans *Parlons Grand-mère* où le spectateur peut voir les deux faces de la réalité avec les personnages de Yaaba, Bila et Nopoko en attente de jouer ou jouant leurs rôles devant la caméra.

L'examen ci-dessus des changements dans le cinéma africain et la nécessité de recourir à de nouvelles approches critiques reflètent les différentes mutations quc connaît la société. C'est dans ce cadre que des points d'analyse comme la représentation et les constructions sociales apportent un certain éclairage sur la place et la vie de l'individu dans le groupe. Une étude des conditions d'émergence des représentations sociales, de la représentation de l'autre et de la construction sociale de la sexualité s'avère alors très importante

II. Constructions sociales: catégorisation sociale et Autrui

Les représentations constituent de véritables systèmes d'interprétation de l'environnement social pour ce qui concerne la catégorisation des individus ou l'élaboration de connaissance collectivement construite. Les représentations sont présentes dans les contes et légendes, et l'imaginaire collectif. Elles véhiculent très souvent des informations sur un objet et les attitudes du groupe par rapport à cet objet. Dans leur ouvrage collectif *Les Représentations sociales*, Christine Bonardi et Nicolas Roussiau définissent une représentation comme "un ensemble d'idées, d'images, d'informations, d'opinions, d'attitudes, de valeurs, etc." (22). L'étude des représentations se situe, selon Bonardi et Roussiau, à l'intersection entre idéologie collective, construction individuelle et systèmes culturels. Un constat qui souligne l'existence d'une multitude de supports et d'expression des représentations dans la création artistique. Ainsi, la représentation n'est qu'une forme d'expression du médium filmique, et elle peut aussi remplir diverses fonctions dont celles dites informative, éducative ou subversive.

Notre analyse, dans cette partie de la réflexion à venir, s'inspire de notions et concepts développés dans *Les*

Représentations sociales et *Images et Représentations sociales : De la théorie des représentations à l'étude des images sociales.*

A. Représentations sociales: formation et pouvoir de l'image

En general, il existe dans les représentations sociales un désir d'orientation des comportements et un discours dominant par l'établissement d'une position commune à auquel doivent adhérer tous les membres du groupe. Cela passe par l'élaboration d'une connaissance d'un objet ou d'une catégorie d'individus en puisant dans les référents culturels ou les craintes que suscite la différentiation.

1. Construction collective et dynamique sociale

Si la représentation est constituée d'un ensemble d'informations et d'attitudes, c'est qu'elle émane d'un groupe qui veut préserver ses valeurs et son identité. C'est pourquoi, le groupe développe un discours qui le définit par rapport aux autres acteurs sociaux dans le but de justifier son comportement. Cela correspond aux deux fonctions de la représentation qu'ont identifiées Bonardi et Roussiau, à savoir la fonction identitaire et la fonction de justification. Le discours renforçant l'identité du groupe et légitimant son comportement aux yeux de ses membres se fait sur la base des référents socioculturels du milieu. La place de la femme dans les sociétés ouest africaines diffère selon les contextes comme par exemple, au foyer, au travail et lors de rites traditionnels. C'est une place de la femme fortement codifiée par un discours masculin qui veut non seulement marquer son territoire mais aussi justifier indirectement sa position dominante. La place de la femme dans les contextes susmentionnés est le résultat d'une construction de la société car les attributs de la féminité ne prédestinent pas, par exemple, la femme casamançaise au Sénégal à porter à elle seule la responsabilité de la culture du riz.

Tout écart par rapport aux valeurs du groupe ou au discours dominant rencontre une réponse du groupe que Pascal Molinier présente en termes de fonctions descriptive et prescriptive dans son ouvrage *Images et Représentations sociales : De la théorie des représentations à l'étude des images sociales*. La fonction descriptive renvoie aux stéréotypes que le groupe fait circuler pour designer l'objet ou la catégorie d'individu qui ne répond pas à ses valeurs, et la fonction prescriptive recouvre l'attitude de rejet et d'exclusion. Les stéréotypes et les préjugés participent de la catégorisation sociale et du processus de mise en altérité. Les stéréotypes sont des idées reçues à propos du groupe, et les préjugés désignent une "élaboration simpliste" applicable à tous les membres du groupe. Comme cela peut se remarquer, il n'existe pas de justification rationnelle dans la catégorisation de certains par le groupe sinon qu'elle tire son fondement dans les stéréotypes et préjugés. C'est par exemple le cas de la croyance populaire que les homosexuels sont tous porteurs du virus du Sida à cause de leurs pratiques sexuelles ; une situation qui conduit inéluctablement à la marginalisation et à l'aliénation des homosexuels. Ainsi, stéréotypes et préjugés jouent un rôle essentiel dans les représentations sociales de la marginalité comme l'indique Pierre Mannoni lorsqu'il affirme qu' "on rencontre préjugés et stéréotypes à l'œuvre dans les représentations sociales opérant au niveau des exclusions (désignations des marginaux ou des anomiques), et de la constitution d'attitudes d'acceptation ou de rejet fondamental de l'autre (ostracisme, racisme)" (29). La manifestation de l'antagonisme entre le groupe dominant et les marginaux à travers des clichés réducteurs participe de la dynamique de la vie communautaire où la différenciation est souvent source de frictions. La représentation peut être ici considérée comme la “résultante d'une dynamique sociale”. C'est une la mise en conflit entre les aspirations individuelles et la contrainte sociale à travers les attentes normatives. À cet égard, Bonardi et Roussiau affirment que :

> les individus sont identifiés par leur appartenance à un groupe social producteur et défenseur de valeurs (c'est “l'aspect contrainte sociale”), mais ils le sont aussi par leurs aspirations et désirs personnels, par un imaginaire qui entrera forcément parfois en conflit avec les cadres sociaux (44).

Après cet examen de la représentation sociale sous l'angle de la construction collective et de la dynamique sociale, il serait aussi judicieux de s'intéresser aux facteurs qui président à l'émergence de la représentation sociale dans un groupe.

2. Conditions d'émergence des représentations sociales

Dans l'étude de la théorie des représentations, les recherches de Serge Moscovici et de Pascal Molinier présentent une certaine complémentarité qui permet de mieux appréhender les conditions qui déclenchent le processus représentationnel dans un groupe social. Dans leurs travaux, Moscovici [30] et Molinier [31] évoquent les conditions d'émergence d'une représentation sociale qu'on pourrait regrouper en quatre principales conditions.

---

[30] *La Psychanalyse, son image, son public.*

[31] *Images et Représentations sociales : De la théorie des représentations à l'étude des images sociales.*

Tout d'abord, la dissémination de l'information à propos de l'objet de la représentation qui est très souvent incomplète et fondée sur des suppositions ou expériences personnelles. Les medias, dans leurs formes multiples, jouent aussi un rôle non négligeable dans la circulation de l'information de par leur capacité à atteindre différentes couches de la population et à influencer les comportements même dans les zones les plus éloignées. Par exemple, Pascal Molinier rappelle que ce sont les premières campagnes de lutte contre le Sida qui ont contribué à renforcer cette représentation de la relation entre sida et homosexualité car ces campagnes anti-Sida se focalisaient sur les pratiques et groupes à risque dont les homosexuels et les pratiques sexuelles à risques. Même si ces premières campagnes ont contribué à créer des préjugés à propos les homosexuels, de nombreuses études ont néanmoins montré que le taux de prévalence était plus élevé au sein de ce groupe dès l'apparition de la maladie.

Ensuite, disposant d'informations parcellaires sur l'objet ou sur la base de suppositions, l'individu décide de marquer son intérêt ou désintérêt pour certains aspects de l'objet. Cette étape qui est appelée la focalisation est déterminante dans l'attitude à adopter face à l'objet. Les films *Yaaba* et *Delwendé*, qui traitent de la marginalité féminine, offrant des exemples de focalisation sur la sorcellerie. Dans leur accusation, certains villageois voient dans l'âge du personnage de Yaaba la preuve de sa culpabilité. Quant à Napoko dans *Delwendé*, c'est son insensibilité supposée face aux décès dans le village qui est incriminée.

"La pression à inférence" selon serge Moscovici désigne le positionnement de l'individu par rapport à l'objet, et décide d'adhérer aux opinions dominantes du groupe. "La pression à inférence" constitue, dans le contexte africain, l'attente normative de l'individu à se conformer à l'opinion dominante dans le village. C'est ainsi par exemple que même ceux qui n'étaient pas convaincus de la sorcellerie de Napoko et de sa responsabilité dans les décès avaient adhéré à l'opinion dominante par leur silence. Seuls Elie, le fou du village et la fille de Napoko ont marqué leur refus face à la décision du village d'exclure Napoko.

Enfin, la dernière condition d'émergence d'une représentation sociale constitue l'enjeu social que suscite l'objet à cause de sa valeur aux yeux des membres du groupe. Les enjeux peuvent être ceux de la préservation de l'identité, c'est-à-dire la survie du groupe comme une entité spécifique ou le maintien de la cohésion sociale si le groupe perçoit l'objet comme une menace. C'est par exemple le cas de la sorcellerie qui est perçue par le village dans *Yaaba* et *Delwendé* comme une menace à sa survie et à sa cohésion. C'est aussi le cas de l'homosexualité dans le film *Dakan* considérée par le père de Sory comme une menace à la survie de la lignée de la famille du fait que la fonction reproductive de la sexualité serait absente dans une telle relation.

À la fin de cette brève analyse, nous remarquons que la dissémination de l'information, l'intérêt ou le désintérêt pour certains aspects de l'objet et le positionnement de l'individu par rapport à l'objet constituent les principales conditions d'émergence de la représentation sociale. L'existence d'une représentation sociale constitue ainsi le préalable à la formation de l'image sociale de l'objet. L'image visuelle, par ses diverses propriétés, influence énormément le comportement du spectateur.

3. Image sociale et cinéma

Il s'agit d'établir le lien entre représentation, image sociale, et image visuelle pour ce qui est du cinéma. Comme développée précédemment, la représentation est une construction, et c'est en ce sens qu'elle est un processus dont l'aboutissement constitue l'image sociale. Cette dernière dicte la conduite à tenir à l'égard de l'objet. Par exemple, on notera différentes conduites à l'égard de la femme, à savoir si elle présente soit l'image de la victime sous le poids des pesanteurs sociales, soit celle d'une battante. La conduite du groupe est, selon Molinier, établie en fonction de l'image de l'objet et non de l'objet lui-même. Or la force de l'image est encore plus grande lorsque l'image est audiovisuelle comme au cinéma. Pour Molinier, c'est par ses propriétés telles que la figuration, l'émotion, et la polysémie que l'image visuelle exerce un grand impact sur les spectateurs. Si l'image d'un objet guide notre conduite et non l'objet lui-même, et que l'image visuelle a plus d'impact sur le spectateur, alors le cinéaste africain possède entre ses mains un instrument important pour sérieusement influencer l'attitude des individus à l'égard de l'image de la femme. Le projet inachevé de Sembène Ousmane de la réalisation d'une trilogie (*Faat Kiné*, *Moolaadé*, *Confrérie des rats*) sur la femme africaine innovante et battante s'inscrit dans l'engagement personnel du cinéaste à présenter cette image de la femme qui force le respect et l'admiration. Le film *Faat Kiné* constitue une parfaite illustration de l'image de la femme “moderne” et battante où le personnage principal Kiné est parvenu à s'imposer dans l'univers masculin et fermé de la gérance des stations d'essence à Dakar tout en réussissant l'éducation de ses deux enfants en tant que mère célibataire et travailleuse.

Ainsi, nous pourrions résumer que l'image sociale ou la représentation cinématographique de l'objet joue un rôle primordial dans la formation de l'attitude des individus à son égard. L'objet est perçu de différentes manières par les individus en fonction de leurs *backgrounds* et de ce que l'objet suscite en eux.

B. Différentes représentations de l'Autre

Par le jeu de la différenciation qui s'opère dans un groupe par rapport à l'adhésion totale des membres aux valeurs du corps social, des individus en sont exclus ou considérés comme différents des autres. La construction de l'altérité se fait par l'attitude à l'égard de l'Autre qui est traité et perçu comme différent de soi. L'idée de la construction de l'altérité est bien illustrée par Gayatari Spivak lorsqu'elle traduit l'altérité par un verbe en anglais *Othering* au lieu d'utiliser le terme *Otherness*. L'altérité peut être d'une part une construction interne, c'est-à-dire la revendication par un groupe de son droit à la différence, et d'autre part la représentation de l'Autre par le discours dominant ou résultant de la dynamique de l'interaction entre le centre et la marge. Dans tous les deux cas de figure, la représentation ou l'image de l'Autre détermine l'attitude à son égard qui pourrait être celle de l'enthousiasme, de la méfiance ou le sentiment de nouveauté. Les travaux de Denise Jodelet sur les représentations sociales des folies sont d'une grande richesse et d'une certaine profondeur dans leurs analyses. L'étude de l'Autre comme objet de curiosité et source de menace se fera à partir de la représentation du fou développée par Jodelet et de l'image du celui-ci dans les sociétés ouest africaines.

1. Objet de curiosité

L'Autre peut susciter la curiosité par sa provenance, sa personnalité ou son accoutrement. Parmi les deux types d'altérité que distingue Denise Jodelet, on note “l'altérité de l'ailleurs” qui renvoie à la fascination qu'exercent les autres pays ou peuples dans l'imaginaire d'un groupe. C'est le cas de la fascination dont l'Orient est l'objet dans la littérature occidentale au début du 20e siècle en raison de son éloignement, de sa culture et du sentiment de nouveau qui s'y dégage. En somme, l'altérité de l'ailleurs, c'est la découverte fascinante de l'Autre.

Dans *Folies et représentations sociales*, Denise Jodelet présente ses recherches sous forme d'enquête menées sur la représentation du fou à travers une histoire de placement familial de malades mentaux par l'institution psychiatrique en France au début du 20e siècle. Il est intéressant de remarquer que le fou est considéré comme “l'idiot du village” qui amuse particulièrement les enfants parmi les membres de la communauté. Dans les films *Tasuma* de Kollo Sanou et *Sia, le rêve du python* de Dani Kouyaté, les enfants n'hésitent pas à approcher les personnages du fou que sont respectivement Doba et Kalifa pour les interpeller, les provoquer ou profiter de leur compagnie. Ainsi, dans *Tasuma*, le spectateur remarque que les enfants du village de Koro ne quittent jamais la compagnie de Soba qui leur raconte des histoires et tente de les instruire par l'apprentissage de l'alphabet français. Ce qui est frappant chez des figures de l'altérité comme le fou, c'est le port d'un accoutrement qualifié de “bouffonnerie folklorique” par Jodelet. L'accoutrement étrange demeure l'un des principaux signes extérieurs de folie dans beaucoup de sociétés ouest africaines où la manifestation du déséquilibre psychologique d'une personne atteinte de folie est reconnaissable à ses haillons et à ses objets hétéroclites dont elle ne s'en sépare presque jamais.

En outre, il faudrait signaler qu'autant l'apparence physique et l'accoutrement du fou peuvent être source de curiosité, autant le fou peut également être perçu comme une menace. La crainte existe toujours dans le groupe social que le désordre psychologique de l'individu ne se transforme en une véritable menace à la cohésion du groupe. Ainsi, l'autre peut être considéré soit comme objet de curiosité, soit comme source de menace.

2. Source et objet de menace

Le sentiment de menace que pourrait représenter l'Autre est perceptible dans la prise de mesures visant à isoler le fou du reste de la communauté. L'institution psychiatrique qui a la charge de la gestion des malades mentaux en Occident a développé différents moyens de privation de liberté dont la camisole de force demeure l'un des symboles forts de la mise en quarantaine. Cette dernière s'explique, selon Jodelet, par l'association de la dangerosité et du démonisme à l'image du fou dans l'imaginaire collectif.

Si l'image sociale du fou en Occident s'articule autour de la dangerosité et du démonisme, ce qui justifie la mise en quarantaine, il n'en est pas de même dans les sociétés ouest africaines où le fou reste intégré dans la communauté. Cette différence d'attitude à l'égard du fou est liée à la représentation et à la perception des causes de la folie. Si la perte de la faculté de raisonnement reste un des traits symptomatiques de la folie sur le plan clinique, le raisonnement souvent supposé incohérent du fou s'expliquerait par le fait que celui-ci communiquerait dans une autre langue avec le monde invisible. C'est le monde des esprits et des génies qui n'est accessible qu'aux initiés, et dans ce contexte, la folie apparaît comme une transcendance. Peut-être qu'en violant le sacré ou en transgressant l'interdit, des actes souvent représentés comme pouvant causer la folie chez l'individu, le fou s'est mis à dos le monde matériel pour entrer en contact avec le "monde de la vérité".

La filiation de l'individu dans la société africaine se définit toujours par rapport au groupe dont les attentes normatives déterminent son comportement. C'est donc le devoir de l'individu de faire allégeance au groupe car, comme le souligne John Beattie[32] à cet effet, même si l'individu a une identité, il est toujours le représentant d'une unité collective. Pour Beattie, c'est cette référence dans la définition de l'identité de l'individu qui lui fait porter des devoirs et obligations envers le groupe. Alors, si l'individu par son comportement remet en cause la primauté du groupe et ses normes, il représente une menace. Un individu est considéré comme fou lorsque son comportement échappe aux normes de la raison et celles du groupe social, et cela est ressenti par le groupe d'appartenance comme une source potentielle de menace. C'est pourquoi par exemple l'imprévisibilité du comportement du fou et sa liberté de parole rendent souvent problématique sa cohabitation avec le reste de la communauté.

Tout comme le fou, d'autres figures d'altérité comme les homosexuels et les femmes font l'objet de représentations dans l'imaginaire collectif et le vécu quotidien à travers différentes formes artistiques dont le cinéma. C'est une altérité dérangeante et innovante dont les représentations filmiques sont de plus en plus visibles dans la production africaine.

3. Altérité dérangeante et innovante

L'altérité qui est l'objet de l'analyse ici se conçoit comme celle qui non seulement rend compte de la différenciation à travers les relations entre les groupes, mais aussi conduit à la façon dont l'image de l'Autre est représentée dans la société. Il s'agit des homosexuels qui sont traditionnellement opposés aux hétérosexuels

[32] Dans son compte rendu critique "Representations of the Self in Traditional Africa" de l'ouvrage *La Notion de Personne en Afrique*.

auxquels on pourrait adjoindre, pour l'intérêt de cette étude, des entités comme l'église et le pouvoir traditionnel. Pour les femmes, leur altérité se conçoit dans leurs rapports avec le monde masculin dominant, les attitudes sociales de tolérance et d'intolérance à leur égard et comment elles se montrent entreprenantes pour façonner leur propre destin.

Si les femmes ont toujours été représentées dans les cinémas africains depuis son début (comme en témoigne *La Noire de*…1966), cette représentation n'a pas beaucoup varié au cours des décennies passées, c'est-à-dire l'image de la femme comme victime d'injustice sociale et politique. Contrairement à la représentation filmique de l'image de la femme, le cinéma homosexuel ouest africain francophone est né avec la réalisation du film guinéen *Dakan* en 1997. La naissance tardive de ce cinéma homosexuel n'indique pas la nouveauté de la pratique homosexuelle en Afrique, mais dénote plutôt de son caractère hautement sensible. Déjà que les scènes d'intimité ne sont que suggérées dans le cinéma africain à cause du tabou qui entoure la sexualité, montrer des scènes homosexuelles serait l'objet de vives polémiques et accentuerait le risque de voir le public africain bouder le film. Cela constituerait encore un autre obstacle à la diffusion de films africains sur le continent du fait que ces films ne sont pas déjà assez vus par son public. À première vue, on aurait cru que la montée en puissance, après le féminisme, du mouvement et du cinéma homosexuels aux États-Unis dans les années 1970 favoriserait, comme cela a été le cas dans les autres parties du monde, l'émergence du cinéma homosexuel en Afrique. Mais, le constat est que ce cinéma homosexuel en Afrique de l'Ouest francophone n'est pas toujours l'œuvre de cinéastes locaux mais plutôt, soit de réalisateurs africains avec une influence occidentale du fait de leur formation ou lieu de résidence, soit par des réalisateurs occidentaux comme Philip Brooks pour la réalisation de *Woubi chéri.* Cette situation soulève de nombreuses interrogations, à savoir si le cinéma homosexuel ouest africain francophone est tout simplement une tentative de suivre l'évolution des tendances du cinéma mondial ou s'il doit son existence à des financements occidentaux. On pourrait encore se demander si l'homosexualité est si dérangeante que les cinéastes locaux préfèrent ne pas la traiter. Ce que nous constatons est que la représentation filmique de l'objet, c'est-à-dire l'homosexualité et son image dans l'imaginaire collectif sont toutes des questions très sensibles auprès des populations, des défenseurs des droits humains, et des leaders religieux et traditionnels. Ainsi, le caractère dérangeant de l'homosexualité réside non seulement dans l'objet, mais aussi dans l'image. Par contre, dans l'analyse de la femme ouest africaine comme altérité innovante, ce n'est pas l'objet en lui-même qui est innovant, mais plutôt son image représentationnelle au cinéma. En d'autres termes, l'innovation ne porte pas sur la femme elle-même comme être humain, mais plutôt une révolution de son image et de sa représentation sociales qui sont portées à l'écran.

De par son enjeu, la sexualité est au cœur des représentations sociales, et joue aussi un rôle important dans l'image sociale et la construction de l'altérité. La sexualité et les rôles sociaux qu'elle contribue à définir est une construction qui se situe au croisement de plusieurs domaines dont la culture locale, l'histoire, la politique, l'économie et la religion.

C. Construction sociale et enjeux de la sexualité

Traiter d'une thématique comme la sexualité peut être une tâche énorme et complexe du fait qu'elle relève du discours privé et de ses multiples ramifications avec d'autres domaines. Pour l'intérêt de la réflexion sur l'homosexualité, la femme et le cinéma, la sexualité sera abordée sous l'approche constuctionniste en mettant l'accent sur des aspects comme l'identité et les pratiques sexuelles, le contexte culturel et l'enjeu social de la sexualité.

1. Construction du comportement et de l'identité sexuels

Tout d'abord, examiner la sexualité comme une construction sociale revient à s'interroger si le comportement sexuel est un fait naturel ou un produit de l'environnement social. Contrairement à l'approche naturaliste, celle constructionniste considère l'identité sexuelle comme le résultat de l'interaction de plusieurs forces dans la société. Rommel Mendès-Leite[33] montre que l'interdisciplinarité de l'approche constructionniste s'inspire des recherches féministes, celles sur l'homosexualité et les écrits de Foucault, et il insiste aussi sur la nécessité d'établir une différence conceptuelle entre identité et comportement homosexuels. Pour lui, l'identité homosexuelle est une construction sociale et non naturelle alors que le comportement homosexuel peut refléter de simples actes d'individus qui n'ont pas encore cette identité sexuelle. Malgré cette différence conceptuelle soulignée par Mendès-Leite et le rôle de la société dans leur construction, il reste que les chercheurs ne sont pas encore parvenus à une définition consensuelle de l'homosexuel et de son identité. Est-ce que les pratiques sexuelles à elles seules suffisent à construire l'identité homosexuelle? Pour nombre de chercheurs, la définition de l'identité homosexuelle se fait par la caractérisation de l'homosexualité par rapport au discours

---

[33] *Le Sens de l'altérité: Penser les (homo)sexualités.*

dominant ou souvent des groupes qui, dans certains cas, revendiquent leur homosexualité comme un élément de leur identité communautaire.

Ensuite, la non-uniformité du comportement sexuel humain conduit, selon Michel Bozon et Henri Leridon[34], à une multiplicité des pratiques sexuelles contrairement à celle des animaux. Pour ces deux auteurs, la sexualité animale est réglée par le cycle de reproduction ; et l'odorat joue un rôle important pour la femelle et le mâle pour émettre ou décoder les signes. Or, la sexualité de l'homme dépasse ce cadre et prend plusieurs formes. Cette caractéristique particulière de la sexualité devait normalement permettre aux individus de vivre leurs sexualités sans contraintes, mais le contexte et l'enjeu sociaux de la sexualité ont conduit à la mise en place de contraintes pour sa régulation. Foucault annonçait déjà que l'histoire de la sexualité est une chronique de répression. Ces contraintes peuvent être d'ordre interne et externe comme la famille, la culture ou la religion. Dans ce contexte, on pourrait parler de construction sociale de la sexualité par un processus local et global. La fonction procréatrice de la sexualité est si importante dans les sociétés africaines de sorte qu'une sexualité qui ne répond à cette fin est difficilement admise. Avoir une grande progéniture dans l'Afrique traditionnelle est perçu comme un apport en main-d'œuvre, une garantie de pérennité de la lignée familiale, et cela contribue aussi à rehausser le statut social. Alors, les raisons du rejet de l'homosexualité qu'a développées Foucault dans *Histoire de la sexualité : l'usage des plaisirs* s'appliquent parfaitement au contexte africain. Ces raisons comprennent la fonction exclusivement procréatrice de la sexualité, l'inversion des rôles, et la désapprobation à l'égard du "renoncement

[34] "Les constructions sociales de la sexualité".

volontaire aux pratiques et marque du rôle viril" (26). Ce dernier équivaudrait à une remise en cause de la masculinité, ce que les sociétés en majorité patriarcales rejettent. La sexualité n'est pas seulement construite autour de principes et de valeurs sociaux, mais aussi autour d'interdits et de principes religieux. Dans son article, "Is There a Distinct African Sexuality? A Critcal Response to Caldwell", Beth Maina Ahlberg montre que le contrôle de la sexualité dans l'Afrique traditionnelle est organisé autour des interdits et des tabous avec la croyance en une punition par les dieux et les esprits des ancêtres pour les écarts de comportement. Par leurs prescriptions, les religions dites "importées" ont largement contribué à réguler la sexualité dans les sociétés africaines. La représentation du corps comme lieu de débauche et la pratique de l'abstinence pronée par l'Église modifient, selon Michel Bozon et Henri Leridon, non seulement les pratiques et comportements sexuels, mais également guident les attitudes de tolérance ou d'intolérance en matière de sexualité. La construction sociale de la sexualité intègre donc les valeurs et principes de la culture locale, et les influences externes comme le discours religieux.

2. Masculinité : attentes sociales du rôle masculin

La masculinité est un nouveau domaine de recherche qui a commencé dans les années 80 à partir des théories féministes sur le patriarcat, et du débat sur l'homophobie et de l'homosexualité comme une possible menace au rôle traditionnel dominant de l'homme. Les recherches académiques sur la masculinité en Afrique restent largement en dessous des potentialités, et les quelques publications existantes émanent principalement de l'Afrique australe et concernent particulièrement l'Afrique du Sud, le Kenya, le Zimbabwe, la Namibie et la

Tanzanie. Même si les publications en langue anglaise de l'Afrique australe sont généralement les plus connues de l'Afrique à l'extérieur, cet argument ne saurait expliquer la quasi-absence de publications ouest africaines francophones sur la question. Les progres notables sur la question en l'Afrique du Sud avec la légalisation du mariage homosexuel constitue l'une des principales raisons de la relative concentration de recherches sur la masculinité en Afrique australe. Ces recherches et certains travaux offrent des bases de réflexion sur la définition de la masculinité.

La masculinité se définit comme un ensemble de comportements, de qualités et de rôles qu'une société attend de ses hommes. Ces critères normatifs, selon Jill Brown, James Sorell et Marcela Rafaelli[35], concernent la sexualité, l'agressivité, le stoïcisme ou la résistance. Mais il faudrait aussi noter que ces critères normatifs varient d'une société à une autre, selon Brown, Sorell et Rafaelli, en fonction de paramètres comme la religion, la classe sociale, l'âge et l'activité économique. Ainsi, on pourrait parler de l'existence de plusieurs masculinités et d'une masculinité idéale pour chaque groupe social même si Connell et Messerschmidt [36] parlent de *masculinité hégémonique* qui se réfère à l'image de l'homme idéal à laquelle tous les hommes aspirent.

Par les critères normatifs de la masculinité que fixe la société, celle-ci construit une identité sociale pour les hommes *-collective gender identity-* qui ne se base pas principalement sur les attributs naturels de leur

---

[35] Des critères que ces auteurs développent dans l'article "An Exploratory Study of Construction of Masculinity, Sexuality and HIV/AIDS in Namibia, Southern Africa".

[36] "Hegemonic Masculinity: Rethinking the Concept"

masculinité. La construction sociale de la masculinité apparaît comme une grille d'analyse qui peut apporter un certain éclairage sur les liens qu'on peut établir entre masculinité, sexualité, exclusion sociale et images visuelles.

Vu sous l'angle des attentes normatives, la marginalité est habituellement appréhendée en termes de virilité, de contrôle émotionnel et de dominant dans la relation. Entre cette masculinité socialement construite ou postulée et la réalité dans les sociétés, il existe un écart avec les gay qui sont traités de "moins qu'hommes" ou d'hommes aux manières efféminées. C'est une attitude qui consiste non seulement à ne pas reconnaître une différente orientation sexuelle, mais aussi à pousser les homosexuels africains dans la clandestinité comme c'est le cas des couples homosexuels abidjanais dans le film documentaire *Woubi chéri*. La place de la sexualité dans la construction sociale de la masculinité peut aussi s'analyser à travers le lien entre le statut social, l'estime de soi et la sexualité. Dans l'Afrique traditionnelle, le statut social de l'homme était défini des critères dont le nombre de ses épouses ou partenaires sexuels.

Il n'est pas rare de nos jours d'entendre les jeunes de Ouagadougou qualifier de "vrai homme capable" celui qui entretient plusieurs maîtresses connues sous l'expression de "deuxième bureau". Cependant, il faut souligner que si le nombre d'épouses ou de maîtresses peut être indicateur du statut social, l'homme peut aussi perdre son statut social et ses privilèges si sa sexualité est défaillante, comme en cas d'impuissance par exemple. Le film *Xala* de Sembène constitue une parfaite illustration avec El Hadj dont l'impuissance a été le facteur déclencheur de la faillite de son commerce, de son exclusion de la chambre de commerce et de son humiliation. Les medias contribuent aussi à la construction de la masculinité à travers les rôles virils joués au cinéma, les sports de combat à la télévision ou encore le rôle dévolu à l'homme dans les films romantiques.

Enfin, la déconstruction de la masculinité ci-dessus permet de mieux comprendre les rapports entre hommes et femmes, la violence ou l'injustice dont sont souvent victimes les femmes et la marginalisation des homosexuels dans les sociétés africaines.

III. Énonciation, figures et représentations de la marginalité

A. Énonciation et approches méthodologiques

La caractérisation de l'Autre ainsi que l'attitude d'intolérance à son égard une attitude participent du positionnement du sujet énonciateur. La position de l'énonciateur offre différentes perspectives d'analyse de l'énoncé par les concepts de centre et de marge ainsi que les approches synchronique et sotériologique. Ce sont des concepts et approches importants pour un examen approfondi des figures de marginalité et de leurs représentations au cinéma.

1. Centre et marge

Au cœur de la représentation de l'Autre et du processus de marginalisation se trouve la question centrale de l'énonciation, c'est-à-dire où on se situe par rapport à l'énoncé, et Stuart Hall soutient à cet égard que "the practices of representation always implicate the positions from which we speak or write - the position of enunciation" (220). Si l'énonciation détermine la position, il n'est pas toujours facile, dans le cas par exemple de la représentation, d'identifier immédiatement l'autorité ou l'émetteur du discours dominant. Pierre Mannoni fait le constat d'une difficile définition du centre, et quant à

Russell Ferguson, dans *Out There: Marginalization and Contemporary Cultures*, il parle d'un centre invisible qui se veut universel tout en excluant ceux qui n'adhèrent pas à ses normes. Face aux contours souvent insaisissables de la définition du centre, on serait tenté d'adopter, comme un modèle d'analyse, les concepts de centre/périphérie développés par les théoriciens du post-colonialisme. Ces derniers examinent la problématique de l'identité des peuples colonisés et de leurs rapports avec l'ancienne métropole représentant le centre. Les recherches de Bhabha et de Saïd pourraient apporter des points d'éclairage sur la représentation de l'Autre et de l'exclusion à travers les concepts de centre et de périphérie, mais nous préfèrerons une autre approche parce que notre champ d'investigation ne s'inscrit pas entièrement dans le cadre des relations entre les ex-puissances coloniales et leurs anciens empires coloniaux. Ainsi, puisque la problématique que nous abordons se situe plutôt à une différente échelle de la société avec la marginalisation de certains groupes, la définition politique et sociale du centre telle que présentée par Momar Désiré Kane nous paraît la plus opérationnelle.

Dans *Marginalité et errance dans la littérature et le cinéma africains francophones*, Kane annonce que "le centre sera défini du point de vue social comme la sphère d'où émane l'autorité (organe immatériel structurant et discriminant) et du point de vue politique comme le lieu où est censé se trouver l'instance décisionnelle" (116). À partir de cette définition, l'autorité représentant le centre devient relativement facile à identifier. Ainsi au village, l'autorité serait représentée par le chef et le conseil des sages qui édictent et appliquent les règles communautaires, et la périphérie représente tous ceux qui sont exclus du processus décisionnel ou ceux qui ont enfreint aux règles communautaires. C'est l'exclusion par exemple de Saga et de son frère du village dans le film *Tilaï* d'Idrissa Ouédraogo. À propos de cette marginalisation, Kane lorsqu'il affirme qu'il "s'agit toujours pour une société d'établir une ligne de démarcation entre les membres de plein droit et les membres ayant un statut à part. Individus ou groupes sont ainsi rejetés hors des limites matérielles ou symboliques de la communauté ordinaire" (33). D'une manière générale dans la société, le centre est aussi identifiable discours dominant qui est le produit d'un ensemble de considérations culturelles, historiques et religieuses guidant l'attitude de tolérance ou d'intolérance à l'égard d'une catégorie d'individus. Pour ce qui est de l'organisation interne des représentations sociales, Pascal Molinier évoque les concepts de noyau et de système périphérique. Des notions qui rejoignent la définition du centre par Kane ainsi que le rôle du discours dominant dans le processus de marginalisation. Ainsi, le noyau que Molinier considère comme la partie abstraite et structurante correspond à la caractérisation de l'autorité par Kane désigne comme un "organe immatériel structurant et discriminant". Quant au système périphérique qui est la partie concrète et opérationnelle, il correspond à la manifestation de l'attitude de rejet ou d'acceptation du discours dominant. Il ressort aussi de cette comparaison que traiter du centre et de la marge dans le cadre de la marginalité, c'est non seulement identifier la structure ou l'autorité discriminante et immatérielle, mais aussi établir le lien entre les attitudes et les normes sociales.

Même si le centre et la marge sont des entités distinctes, il n'en demeure pas moins qu'il existe des passerelles entre eux. Tout se passe comme si le centre et la marge ne sont pas des entités interdépendantes, or le centre n'aurait pas d'identité sans la marge qui en définit les limites ; et la périphérie prend forme et vie par rapport au centre. C'est une situation similaire à la dialectique entre l'esclave et son maître ou encore à l'ambivalence que Homi Bhabha note à propos de la représentation du Noir comme un sauvage doté d'une bonne âme. Kane remarque aussi une telle ambivalence où "le marginal est à la fois une menace et un rempart pour la société. Il est comme le vaccin qui permet à la société de générer des anticorps destinés à la protéger d'un danger plus grand" (34). Dans ce contexte, c'est une fonction cathartique et purificatrice que la marginalité joue pour la société.

2. Approche méthodologique

Si centre et marge sont des concepts clés dans la compréhension et l'analyse de la marginalité, il est aussi important de disposer d'approches qui permettent d'appréhender la marginalité ou l'exclusion dans tous ses différents contours. C'est là que prend tout le sens l'interrogation de Denise Brahimi [37] à propos de l'exclusion dans *Yaaba* : "qui fait partie de cette société et surtout qui en est exclu? En ce qui concerne les exclus, qu'en est-il des raisons et des procédures par lesquelles ils sont éliminés?" (92). En réponse partielle à ces interrogations, il faut noter l'existence de deux types d'exclusion selon la procédure par laquelle l'individu (s')est mis à l'écart du groupe. Premièrement, la marginalité peut être la décision d'un individu ou d'un groupe d'individus de vivre en marge de la communauté parce qu'ils ne se reconnaissent plus dans les normes et valeurs de celle-ci. Deuxièmement, la marginalité peut résulter de la décision d'une autorité sociale ou politique d'exclure des membres de l'instance décisionnelle ou de la

[37] *Cinémas d'Afrique francophone et du Maghreb*

vie communautaire pour non-respect aux règles établies. De même, il convient de préciser que l'exclusion de la communauté peut être définitive ou temporaire en fonction des circonstances ou de la gravité de l'objet du grief.

Après cette distinction faite entre les deux types de marginalisation, on peut à présent procéder à l'examen des perspectives d'analyse de la marginalité que propose Momar Désiré Kane et dont deux nous paraissent les plus pertinentes. Les approches synchronique et sotériologique et/ou clinique sont plus opérationnelles pour notre étude que l'approche diachronique qui présente une perspective essentiellement historique portée sur l'évolution de la marginalité. Selon Kane, l'approche sotériologique consiste, dans le traitement de la marginalité dans la littérature et le cinéma, à un examen clinique des maux de la société afin de proposer des remèdes adéquats. Cette approche sotériologique présente des similarités avec l'engagement social qui caractérise non seulement les films de Sembène sur la condition de la femme africaine, mais aussi le corpus filmique burkinabé sur le village et l'exclusion sociale que Denise Brahimi désigne comme "l'école du Burkina après 1980" (89). Qualifiée de "rédempteur ou de redresseur-de-torts " sous l'approche sotériologique, la marginalité aurait donc pour objectif la revendication d'une meilleure prise en charge de la différence par une dénonciation de l'intolérance et de la discrimination. Quant à la perspective synchronique, elle permet d'appréhender la marginalité à travers "les éléments constitutifs, les signes visibles et invisibles ainsi que les principales figures" (Kane 15). La perspective synchronique constitue donc la piste appropriée pour explorer certains aspects de la marginalité à travers ses figures, ses traits caractéristiques reconnaissables et sa symbolique.

B. Figures de marginalité

Pour le champ de notre investigation, notre intérêt porte sur les figures du fou, de la sorcière et de l'homosexuel. L'analyse est axée sur les signes extérieurs, et surtout la symbolique du fou et de la sorcière dans la société. La fonction cathartique et purificatrice, et les perspectives sotériologique et synchronique permettront également de démontrer le dénominateur commun entre ces trois figures.

1. Le fou et la sorcière

Au-delà des signes extérieurs visibles qui conduisent à la catégorisation sociale, le fou, par la représentation et la symbolique, n'est pas seulement l'idiot du village ou l'individu dangereux pour son entourage. Denise Jodelet démontre la symbolique de la folie à travers la métaphore des 4 L (Lieu, Lien, Loi, Levain) qui souligne l'articulation d'une part entre représentation et symbolique, et d'autre part leurs associations. Le lieu serait le contexte social qui sert de fonction d'évocation pour une lecture de la folie entre représentation et symbole par le lien. Quant à la loi, elle définit la catégorisation des acteurs et le levain constitue la force symbolique du fou dans le groupe social. Les trois éléments de lieu, de lien et de loi sont des facteurs déterminants dans l'émergence de la représentation sociale du fou alors que le levain porte sur l'analyse de la folie au niveau de sa puissance symbolique. À cet égard, Jodelet soutient que "ces quatre aspects sont présents dans le champ de représentation qui touche à l'essence de la folie et lui confèrent sa puissance symbolique au niveau individuel et social" (387). La lecture symbolique de la folie présente des similarités avec celle de la sorcière qui, elle aussi, n'est pas seulement le personnage présenté sous des traits comme la laideur physique, de la méchanceté et de l'accoutrement atypique décrit par Kane.

Le fou et la sorcière cristallisent le sentiment de menace qui est ressenti dans un groupe social confronté à un problème. Dans nombreuses sociétés africaines, il existe toujours un(e) responsable dans toute situation malheureuse qui touche la vie de la communauté, et le remède au problème est conditionné par l'identification et la punition du coupable. Déjà vivant en marge de la société et supposée être détentrice de pouvoirs de nuisance, la sorcière est très souvent désignée comme responsable des crises qui menacent la cohésion et la survie du groupe. L'identification du responsable apporte un sentiment de normalité, de soulagement, de quiétude et du devoir accompli dans la communauté pour avoir pu déceler la source du mal. En réalité, l'observateur averti s'aperçoit rapidement que les marginaux ne servent que de bouc-émissaires dans des situations où la communauté cherche à imputer la responsabilité à un de ses membres les plus vulnérables du moment.

La littérature africaine francophone abonde d'exemples de personnages du fou, mais leur spécificité réside dans la symbolique de la désaliénation par rapport à l'Occident comme dans *L'Aventure ambiguë* de Cheikh Amidou Kane et *Les contes d'Amadou Koumba* de Biraogo Diop avec l'histoire de Sarzan. Dans les films africains, la folie est soit l'expression d'un désarroi sentimental, soit une technique qui consiste à donner la parole aux opprimés comme le cas de Kerfa, le personnage du fou dans *Sia, le rêve du python*. L'expression de la parole confisquée à travers le fou du roi, qui dénonce les dérives autoritaires, est présente dans des films politiques comme *Le Camp de Thiaroye*, *Sia* et *La nuit de la vérité* de Fanta Regina Nacro. Lorsque toute contestation est violemment réprimée par l'autorité et que la psychose s'installe dans la population, c'est le fou, symbole de la clairvoyance et de l'insoumission, qui sert de porte-parole à la masse silencieuse. De la perspective sotériologique de la marginalité, on pourrait dire que le fou sert de moyen au cinéaste pour diagnostiquer ou attirer l'attention sur les maux ou dysfonctionnements de la société.

L'ambivalence des figures du fou et de la sorcière réside dans le décalage existant entre la marginalité de la sorcière et du fou dans la société et leur symbolique, savoir un rempart protecteur pour la société. Si la sorcellerie est très souvent associée à la négativité comme la vengeance et les sorts maléfiques, c'est pourtant vers le sorcier que nombre d'individus se tournent pour trouver l solution à leurs problèmes. Cela peut être un remède contre une maladie ou un moyen de faire avancer une carrière professionnelle. Si le fou est celui qui tient un raisonnement incohérent, il est aussi la "voix de la raison" et le porte-parole des "gens de la raison". Cette ambivalence de la marginalité traduit une complémentarité féconde entre deux entités comme celles entre le Yin et le Yang ou entre l'eau et le feu. Mais quant à l'homosexualité, l'ambivalence est presque inexistante dans sa représentation du fait de la négativité qui sous-tend déviance et comportement contre-nature. L'homosexuel est une autre figure de la marginalité qui est l'objet de différentes représentations dans l'imaginaire collectif et au cinéma.

2. L'homosexuel

Faire une brève note historique sur l'homosexualité serait judicieux avant d'établir le lien entre l'homosexuel et le fou, et la représentation cinématographique de l'homosexualité sous l'angle de la folie. La non-uniformité du comportement sexuel humain permet de parler de différentes pratiques sexuelles contrairement aux animaux dont la sexualité est essentiellement reproductrice et où l'odorat occupe une place centrale "que ce soit pour la recherche d'un partenaire, le déclenchement des chaleurs, l'accouplement ou même la gestation" (Bozon et Leridon 1176). Cette multiplicité du comportement sexuel humain a toujours été contrôlée par divers mécanismes de répression jusqu'aux 19e et 20e siècles, des périodes que Foucault considère comme marquant le début des hétérogénéités sexuelles avec les exhibitionnistes, les fétichistes ou les homosexuels. Crée au 19e siècle pour décrire les interactions entre individus du même sexe biologique, la notion d'homosexualité s'entend aujourd'hui au sens large sous l'acronyme anglais LGBT (Lesbian-Gay-Bisexual-Transgender).

L'homosexualité était expliquée par la théorie de la dégénérescence comme une pathologie résultant d'un dysfonctionnement du système nerveux central, une position qui classe l'homosexuel dans la catégorie des malades mentaux. L'orientation sexuelle est donc le résultat d'un dysfonctionnement psychologique au même titre que le diagnostic clinique de la folie. Ce lien entre homosexuel et fou est présent dans les films *Woubi Chéri* et *Dakan*. Dans ce dernier, Sori, après avoir informé sa mère de son amour pour un autre garçon, est considéré comme fou et envoyé au village chez une guérisseuse en vue d'accomplir des rituels traditionnels de purification. Quant à Ferdinand, un gay dans *Woubi Chéri*, il compare la communauté des homosexuels abidjanais à des chauves-souris. À travers le symbole de la chauve-souris, on peut non seulement voir la clandestinité dans laquelle vit l'homosexuel, mais également l'incompréhension dont il est l'objet à l'image de la chauve-souris. Comme la chauve-souris qui se cache le jour, les homosexuels abidjanais ne montrent leur orientation sexuelle qu'à la nuit tombée lorsqu'ils se retrouvent entre eux. Incompris pour leur orientation sexuelle, l'homosexuel est aussi à l'image de la chauve-souris qui s'accroche la tête en bas, contrairement aux autres espèces. La représentation de l'homosexualité comme une maladie mentale va plus loin avec les notions de *folie à deux* et de *délire à deux* que développe Elizabeth Guzik dans *Postcolonial and Queer Theories: Intersections and Essays*. Selon Guzik, "one critical aspect of both *folie a deux* and *delire a deux* is the notion that two otherwise sane individuals become mad when in contact or in the presence of the other" (50). Pour Guzik, cette notion de l'homosexualité comme une folie contagieuse est très présente dans le cinéma, la télévision et la littérature des États-Unis au sujet de la représentation stéréotypée des homosexuels. Face à cette représentation de folie (contagieuse) et de perversion sexuelle, il y a un engagement dans les films homosexuels africains à déconstruire ces représentations et à appeler à une plus grande tolérance. Celle-ci pourrait favoriser une discussion ouverte sur la question, et c'est l'objectif que Mohamed Camara dit attendre de son film *Dakan* : "I think no matter what the problem is, if there is no way to discuss it openly, it will get worse. I made this film so that there would be an open discussion, so that people may begin to discuss among themselves and that the entire community may gain from it" (*African Masculinities* 71). L'objectif de Camara est de provoquer le débat sur une thématique sociale qui reste toujours un sujet à controverse.

L'homosexualité est ainsi souvent représentée comme la conséquence d'un trouble mental dont la folie pourrait constituer l'un des signes extérieurs. C'est une folie qui peut, selon Elizabeth Guzik, se révéler contagieuse; constituant ainsi une raison supplémentaire pour les "normaux" ou les hétérosexuels de marginaliser les homosexuels. Des productions filmiques ouest africaines font écho de la marginalité sociale par des techniques particulières de la représentation spatiale et une individuation du discours.

C. Expressions de la marginalité dans les cinémas africains

La marginalité est abordée dans les cinémas africains par le biais d'une représentation iconique de l'espace et un changement dans l'énonciation, passant du collectif à l'individu. Si Olivier Barlet a développé le concept d' "appropriation du regard" pour souligner la possibilité qu'ont désormais les Africains de se représenter eux-mêmes, André Gardies[38] parle plutôt de "réappropriation territoriale" pour marquer l'enjeu important que constitue la représentation de l'espace pour les cinéastes africains. Ce traitement de l'espace est significatif dans la représentation de la marginalité car, comme le souligne Denise Brahimi, "l'exclusion à l'africaine est d'abord matérialisée et signifiée spatialement" (92). Le passage du cinéma africain aux cinématographies nationales, et de la société à l'individu a contribué à l'émergence de thématiques touchant à l'exclusion. S'inscrit aussi dans ce cadre, le passage de l'homogénéité à l'hétérogénéité que souligne Momar Désiré Kane a propos des cinémas africains.

1. Représentations cinématographiques de l'espace

D'abord, il faut circonscrire la notion d'espace par une définition du concept avant de montrer son utilisation par le cinéaste pour marquer l'exclusion sociale ou politique.

---

[38] *Cinéma d'Afrique noire francophone : L'espace-miroir*

La définition du concept d'espace proposée par André Gardies paraît plus nuancée en ce qu'elle recouvre l'homme dans ses différents espaces quotidiens, y compris ceux de l'habitat privé et commun comme la maison, le quartier, la ville, les lieux de loisirs ou de travail. Quant à l'espace filmique, Gardies le conçoit comme une construction qui puise son sens à partir des valeurs et significations relatives aux lieux alors que ces derniers sont des données immédiates dans le film.

La dualité verticalité/horizontalité est le mode de représentation iconique de l'espace que les cinéastes emploient fréquemment pour signifier l'exclusion ou la différence de classe socio-économique dans les grands centres urbains. La verticalité, qui renvoie aux immeubles ou aux résidences à étage, symbolise la classe des riches et tous ceux qui sont au centre du système contrairement aux exclus du système habitent les maisons étalées à perte de vue, souvent à la périphérie. Cette dualité verticalité/horizontalité est bien illustrée dans le film *Zan Boko* de Gaston Kaboré où la famille Tougri habite une villa à étage qui surplombe la cour de Tinga. Ce dernier est un paysan dont la cour attise la convoitise de “ceux d'en haut”. Ces derniers souhaitent construire une piscine en l'emplacement de la cour de Tougri. Par cette représentation de l'espace, Gaston Kaboré campe la problématique de l'urbanisation galopante à Ouagadougou avec la classe sociale aisée qui pousse les pauvres toujours à la limite de la périphérie. À cet égard, Françoise Pfaff note que “Francophone African filmmakers have created an aesthetics of spatial dualism (verticality vs. horizontality), which reflects Africa's social disparities between the oppressed and the oppressive elites” (*Focus on African Films* 105). L'espace est ainsi un outil d'analyse pour le chercheur et une technique pour le cinéaste dans la représentation de la marginalité.

L'interdiction d'accès à certains lieux pour certaines catégories d'individus participe aussi de la représentation de l'exclusion dans les cinémas africains. Gardies insiste sur la quête et le clivage comme deux aspects majeurs du rapport entre l'homme et son milieu. La quête et le clivage traduisent le besoin de l'homme de se déplacer, mais celui-ci se voit souvent refusé l'accès à certains lieux. Le film *Borom Sarret* offre une des meilleures illustrations de ces notions de quête et de clivage avec l'exemple du charretier. L'outil de travail de ce dernier a été confisqué parce qu'il a conduit un client au quartier Plateau de Dakar dont l'accès était interdit aux charrettes. Par ailleurs, il est important de souligner que la même dualité verticalité/horizontalité est aussi présente dans la littérature africaine postcoloniale avec l'exemple du quartier administratif ou européen. Les romans *Une vie de boy* de Ferdinand Oyono, *Ville cruelle* d'Eza Boto et *La carte d'identité* de Jean-Marie Adiaffi montrent le quartier blanc qui est érigé sur une colline surplombant le quartier indigène.

Contrairement à la ville où l'exclusion est matérialisée spatialement par la verticalité et l'horizontalité, la marginalité au village est signifiée par la vie à la périphérie, c'est-à-dire entre la limite du village et le commencement de la brousse. L'individu a très peu de contact avec le reste de la communauté, ce qui le fragilise davantage sur le plan social et psychologique. C'est le cas par exemple du film *Yaaba* où le personnage principal vit à la limite du village, et dont le seul lien avec la communauté est représenté par les deux enfants Bila et Nopoko à qui les parents avaient d'ailleurs interdit de rendre visite à la vieille femme. Centre et périphérie au village ne sont pas seulement des concepts théoriques, mais aussi une réalité matérielle où la périphérie est fréquemment tenue pour responsable des malheurs qui touchent la communauté. Selon Brahimi, "dans le village, il y a un centre et une périphérie. Au centre tout a sa raison d'être ; la périphérie en revanche est une zone au statut incertain qui permet des interventions, surtout négatives, quand le centre a des doutes sur sa cohésion" (92-93). La périphérie est constamment sous la menace du centre, et le recours à la violence contre la périphérie comme par exemple, incendier les cases de Yaaba dans *Yaaba* ou de Napoko dans *Delwendé*. Cela constitue généralement la dernière étape avant l'exclusion totale du village, mettant ainsi la victime sur le chemin périlleux de l'exil.

2. Changement d'énonciation : du collectif à l'individu

La marginalité ou l'exclusion sociale dans le cinéma est le résultat d'un processus qui a débuté avec le discours anticolonialiste et la critique post-colonialiste où la marginalité était présentée à travers d'une part l'opposition entre colons et indigènes, et d'autre part entre les élites africaines et les masses populaires après les indépendances. Cela correspond à une époque où l'énonciation est collective et les diverses productions cinématographiques postcoloniales sont désignées sous le de "cinéma africain". Mais, certains critiques réfutent cette énonciation collective ou appellation de cinéma africain face à la diversité des productions africaines. Ainsi, de l'énonciation collective par des thématiques panafricaines, on est passé à des cinématographies nationales qui présentent leurs traits particuliers. Par exemple, Denise Brahimi parle de "l'école du Burkina après 1980" qui est un corpus filmique burkinabé traitant de l'exclusion sociale, du village et de la socialisation de l'enfant. La perte de l'influence progressive de la rhétorique anti-néocolonialiste a favorisé une expression diversifiée des cinéastes sur les problématiques sociales relatives à la place de l'individu et son rapport quotidien à la société. C'est le passage, selon Momar Désiré Kane, de l'homogénéité à l'hétérogénéité. Cette situation est comparable à la multiplication des sciences à la fin du 19e siècle qu'évoque Foucault à travers la spécialisation dans les sciences et l'étude de l'élément infiniment petit.

Ce passage de l'homogénéité à l'hétérogénéité a pour conséquence, au niveau des cinémas africains, une plus grande attention portée sur l'individu dans tous ses aspects, y compris ceux relevant traditionnellement du discours privé comme la sexualité. Une attention particulière est aussi portée sur les aspects économiques comme l'exclusion économique de la femme par son inaccessibilité au crédit et le fait qu'elle n'a pas droit à la propriété foncière dans les zones rurales. Par une approche sotériologique, les cinémas africains explorent donc la place de l'individu par rapport à son environnement dans un contexte global en mutation. Dans cette analyse de la marginalité à travers l'évolution thématique des cinémas africains, le risque existe de s'enfermer dans une dualité oppositionnelle entre global et local ou moderne et traditionnel. Il faut cependant reconnaître l'existence d'influences externes tout en tenant compte des spécificités locales dans les thématiques traitées.

Le traitement filmique de l'espace pour marquer la marginalisation et le passage de l'homogénéité à l'hétérogénéité sont indicateurs d'une nouvelle tendance consistant à apporter plus de visibilité à certains groupes sociaux. C'est le sens du travail de cinéastes ouest africains qui traitent de problématiques sociales et politiques relatives aux figures de marginalité.

IV. Engagement social et politique

Le cinéma africain a assumé depuis sa naissance une fonction didactique et d'engagement politique [39]. Aujourd'hui, la rhétorique anticolonialiste n'est plus présente dans le combat politique des cinéastes, et la narrative post-colonialiste à travers la critique des dirigeants africains est en perte de vitesse. Par contre, le combat pour l'effectivité des droits de la femme et l'amélioration de sa situation sociopolitique sont encore plus visibles, depuis le travail pionnier de Sembène. De même, des cinéastes abordent des problématiques taboues dans les sociétés ouest africaines pour susciter le débat et exprimer la révolte. L'engagement social et politique perceptible chez les cinéastes depuis les années 1990 consiste donc à présenter à la société sa propre image pour l'inciter au changement. Ce rôle du cinéaste, dans ce jeu de miroir, s'apparente bien à celui de l'écrivain parce que, selon Jean-Paul Sartre[40], "si la société se voit et si surtout elle se voit *vue*, il y a par le fait même, contestation des valeurs établies et du régime : l'écrivain lui présente son image, il la somme de l'assumer ou de se changer" (89). Pour mieux cerner, dans les prochains chapitres, les différents contours de ces nouvelles configurations de l'engagement des cinéastes, d'autres outils analytiques sont à explorer comme le mouvement féministe africain, le courant socio-réaliste dans le cinéma africain et la cinématographie de Sembène Ousmane. Ensuite, l'approche comparative situera le cadre méthodologique du traitement des différentes thématiques à partir des films de l'espace géographique et temporel défini par le sujet de

---

[39] La Charte d'Alger de la Fepaci (Fédération Panafricaine de Cinéastes) de 1975 et le Manifeste de Niamey de 1982.

[40] *Qu'est-ce que la littérature ?*

cette réflexion avec quelquefois des films extérieurs pour servir de contrepoint.

A. Mouvement féministe africain : expression du local dans le global

Le féminisme est un mouvement global qui revendique la reconnaissance et l'effectivité des droits de la femme, sa meilleure représentation dans les medias et la fin de la discrimination. Ce modèle occidental du mouvement de libération de la femme est adapté aux réalités locales. En Afrique de l'Ouest, on distingue deux groupes, à savoir les féministes anglophones représentées majoritairement par des Nigérianes, et les féministes francophones auxquelles notre réflexion s'intéresse. La littérature féminine et féministe ayant une plus grande production et une plus longue histoire que celle du cinéma féministe africain, (à l'exception du cas de Sembène et quelques cinéastes), les œuvres littéraires constitueront ainsi une autre source majeure pour cette étude.

1. Caractéristiques du féminisme africain

Kenneth Harrow[41] évoque le mouvement féministe africain en distinguant deux générations dont la première se caractérise par la dénonciation de l'oppression de la femme par une société patriarcale et l'adoption de la femme occidentale comme modèle. La deuxième génération remet en cause l'identité binaire homme/femme, préférant insister sur la véritable nature féminine. Ces distinctions ont été amplement dévelopées dans *Femmes rebelles : Naissance d'un nouveau roman au féminin*. Cazenave montre la production romanesque de

---

[41] *Postcolonial African Cinema: From Political Engagement to Postmodernism.*

la première génération prend la forme d'une auto- ou semi-autobiographie, ce qui permet de rendre compte des problèmes quotidiens de la femme sous la forme de témoignage poignant par le récit à la première personne. Quant à la deuxième génération l'autoreprésentation persiste avec une plus grande revendication.

Un recoupement des classifications de Harrow et de Cazenave permet de donner une image plus nette de l'évolution thématique, des grandes figures féministes ouest africaines francophones et le sens de leur engagement. Pour la première génération, l'auto- ou semi-autobiographie est utilisée comme un mode d'écriture servant à dénoncer le système patriarcal et idéaliser la liberté de la femme occidentale. C'est et en cela que l'œuvre de Mariama Bâ appartiendrait à la première génération. *Une si longue lettre* œuvre dénonce la pratique de la polygamie dans un contexte social où non seulement les femmes sont privées de liberté d'expression et de choix, mais aussi elles doivent affronter ce que Tanella Boni définit comme "la phallocratie ou l'idéologie construite autour du pouvoir du mâle" (*Que vivent les femmes d'Afrique* 11). Aïssatou, la destinataire de la lettre de Ramatoulaye, représente le modèle occidental de la femme libérée. Après son divorce d'avec Mawdo, Aïssatou a plutôt privilégié son éducation à Paris et ensuite sa carrière d'interprète à l'ambassade du Sénégal à Londres. En ce qui a trait à la deuxième génération, c'est la plus grande agressivité dans la revendication qui s'accompagne aussi du "choix de protagonistes féminins en marge de leurs sociétés et l'exploration de zones culturelles taboues" (Cazenave 14). Appartiennent à cette génération des féministes comme Tanella Boni dont l'œuvre *Que vivent les femmes d'Afrique* traite principalement de sujets qui touchent à la vie privée des femmes. Ce sont par exemple, les viols de femmes en période de guerre, l'impact négatif de la religion sur la condition de femme avec la charia et les nouvelles religions, l'"esclavage moderne" et les mutilations sexuelles féminines. Ces problèmes affectent davantage la vie intime et sociale des femmes avec des circonstances aggravantes comme l'absence de filet social protection adéquat et à leur exclusion du circuit économique et politique.

C'est un tableau peu reluisant de la situation de la femme qui aurait pu conduire au pessimisme et au sentiment de fatalisme, mais c'est là que se trouve tout le sens l'engagement des auteures féministes à déconstruire le discours mâle pour mieux proposer des moyens d'action. Ce sont des propositions qui prennent en compte la particularité du contexte social et historique africain car, selon Awa Thiam[42], "notre lutte à nous, nègresses, ne se situe pas toujours au même niveau que celles des femmes européennes" (153). Cette particularité n'exclut pas la reconnaissance par les féministes africains de l'universalité du mouvement féministe car elles partagent la même cause de par leur condition de femme, et c'est la position de Tanella Boni lorsqu'elle affirme que "j'écris cet essai parce que je suis une femme d'Afrique assumant ces lieux singuliers sur des territoires appartenant à toutes les femmes du monde" (13).

La prise de la parole et la lutte contre la phallocratie apparaissent comme les principaux du discours féministe visant à améliorer la condition de la femme en à celle-ci permettre d'être une véritable actrice sociale, économique et politique. Premièrement, la prise de parole est primordiale pour faire entendre sa voix et de se raconter soi-même, au même titre que la réappropriation du regard effectuée par les cinéastes africains. Il s'agit de la "parole-

[42] *La Parole aux nègresses.*

action" selon l'expression de Awa Thiam, c'est-à-dire enclencher une dynamique de changement dans la société. Cependant, nous pensons qu'il convient de relativiser la réalisation de ce changement à grande échelle dans le court ou moyen terme. Pour l'effectivité d'un tel changement, il faudrait non seulement relever le taux d'alphabétisation parmi les femmes rurales qui constituent plus de la moitié de celles qui souffrent quotidiennement, mais également entendre leurs voix car toutes ne se reconnaissent pas souvent dans certaines revendications de féministes qui parlent ou écrivent à leur place. Deuxièmement, l'écriture donne à la femme un puissant moyen d'expression et de dénonciation. Pour des féministes comme "Werewere Liking et Calixthe Beyala, toutes deux du Cameroun, l'écriture se donne (ou se prend) d'abord comme un acte de révolte contre la phallocratie" (Kane 116). La phallocratie justifierait le pouvoir mâle qui maintient la femme dans sa condition de soumise et de victime. Cette idéologie, selon la perspective de Boni, est aussi susceptible de se perpétuer à travers l'éducation transmise de génération en génération. C'est là où l'ambivalence du rôle social de la femme mérite d'être évoquée parce qu'en tant que l'un des maillons essentiels de l'éducation du jeune garçon dans la communauté, elle a l'opportunité de remédier efficacement au problème. Awa Thiam propose comme solution de "se débarrasser du mythe du matriarcat", c'est-à-dire de l'image de la mère protectrice qui se sacrifie et accepte la souffrance. Une attitude qui, selon Thiam, ne contribue pas à changer les mentalités par rapport à la libération de la femme. Trouver la combinaison optimale de moyens pour le changement de la situation reste difficile car par exemple, la pratique de l'excision continue d'exister en dépit des arsenaux juridiques mis en place dans plusieurs pays pour la combattre.

Pour Tanella Boni, “ériger des lois contre les mutilations sexuelles féminines ne suffit pas, encore faudrait-il combattre les idéologies sur lesquelles reposent l’inégalité des sexes et la hiérarchisation entre le masculin et le féminin” (16-17). Des idéologies qui contribuent à maintenir la femme dans une certaine marginalité dans son environnement social.

2. Marginalité féminine

La marginalité féminine réside dans trois situations dont l’exclusion de l’instance décisionnelle et de l’autorité, la place et le rôle de la femme dans l’espace privé et public, et enfin la remise en question de l’expression individuelle dans le cadre collectif.

D’abord, l’analyse de la situation de la femme par rapport à la définition sociale et politique du centre proposée par Momar Désiré Kane montre que la femme ne fait partie ni du centre politique qui représente l’instance décisionnelle de la communauté, ni du centre social qui est cet organe immatériel, structurant et discriminant. En matière de sexualité, le centre social fixe les normes et criminalise tout comportement considéré comme déviant. Dans ce contexte, la prostituée, la lesbienne et la travestie sont poussées à la périphérie, entraînant ainsi discrimination et attitude d’intolérance à leur égard.

Ensuite, la hiérarchisation entre le masculin et le féminin renforce la différence des droits et devoirs de chacun dans l’espace privé et public. Dans le cadre privé de la maison, les décisions sont très souvent prises par l’homme, mais un début de changement est amorcé surtout en ces temps de crise économique où les revenus du petit commerce de la femme lui offrent de nouvelles perspectives d’une certaine autonomie financière. C’est l’exemple du personnage de Bintou dans le court métrage *Bintou* de Fanta Régina Nacro. La marginalité est aussi remarquable dans les espaces privé et public à travers les nombreuses interdictions faites à la femme d'accéder à certains symboles comme le masque, les lieux sacrés, ou de participer à certains rites traditionnels. D'autres situations qui dénotent de marginalisation féminine sont par exemple, la différence de traitement salarial pour les mêmes compétences, ou la représentation disproportionnée des femmes au niveau les postes de décision. Ici, l'interrogation principale est de savoir si cette marginalité est le résultat d'une évolution, et si tel est le cas, il faudra déterminer les principaux facteurs qui y ont contribué ; sinon est-ce une donnée immuable de la société depuis des siècles ? Considérant les évolutions historiques internes des sociétés et leurs contacts avec l'extérieur, l'hypothèse de la marginalité féminine comme le résultat de la combinaison de plusieurs facteurs est la plus plausible. Il y a les exemples de femmes dirigeantes ou héroïnes en Afrique de l'Ouest comme la reine Sarraouina, les Amazones du roi Béhanzin, Guimbi Ouattara, Reine Pokou et les femmes de Nder au Sénégal. La situation de la femme avant et après la colonisation ainsi que le rôle du discours religieux dans cette marginalité seront examinés plus en profondeur plus tard dans ce travail.

En outre, la marginalité féminine réside dans "un schéma collectif dans lequel l'expression individuelle est tenue pour déviance" (Kane 115). Le discours dominant du groupe n'admet pas de position contraire car la communauté prévaut sur l'individu comme en témoigne l'étiquette de "fou" qui est collée à tous ceux qui ne s'alignent pas sur la position du groupe ou la critiquent. C'est pourquoi, la femme est traitée de folle lorsqu'elle prend la parole ou remet en cause certaines pratiques traditionnelles. L'interrogation familière *es-tu fou* traduit parfaitement cette situation. Dans *Moolaadé*, Collé Ardo a été traitée de Satan par notable du village du fait de son engagement à faire cesser la pratique de l'excision. Plutôt que de se taire et se soumettre comme la majorité des femmes, Collé Ardo a fait un réquisitoire contre l'excision devant le conseil du village.

Après cet examen des différentes facettes de la marginalité féminine, une étude des types de protagonistes marginaux dans la littérature féminine est nécessaire avant d'aborder la signification de la marginalité comme un moyen pour la femme d'accéder au centre ou d'en être exclue. Odile Cazenave propose deux catégories de protagonistes marginaux du roman féminin qui se retrouvent aussi dans les films ouest africains francophones. La première catégorie est celle de "personnages considérés d'entrée comme en marge du groupe" alors que la deuxième catégorie montre "un personnage féminin en voie de dépression, proche de la folie et en situation de marginalisation (Cazenave 100) ". Ces deux types de protagonistes marginaux sont des critères de classification applicables aussi aux protagonistes des films *Delwendé* et *Sia, le rêve du python*. Dans *Delwendé*, Napoko représente le type de personnage en voie de marginalisation qui, précédemment bien intégré dans sa communauté, est déprimé par les fausses accusations de sorcellerie dont elle fait l'objet. Son parcours est marqué par l'errance suite à son exclusion du village. C'est le même type de marginalisation progressive qu'a connue de Sia à la suite de son refus de garder le silence sur le mythe du python et les intrigues du palais. Les personnages masculins de Kerfa et d'Elie dans les films susmentionnés sont ceux qui sont présentés d'entrée comme marginalisés.

Quant au sens du traitement de la marginalité dans le cinéma et la littérature, Kane et Cazenave présentent deux perspectives différentes. Pour Kane, la marginalisation de la femme peut se lire comme une inversion de sa centralité dans un jeu social où la femme joue les rôles d'épouse, de mère et de courroie de transmission des règles et coutumes de la communauté. Ainsi, la marginalité de la femme est "un processus consistant à inverser sa trop grande "centralité" (Kane 120)". La lecture de Kane a certes le mérite d'être novatrice dans son approche car elle explique certainement le rôle social de la femme et de sa centralité dans les sociétés matriarcales, mais elle soulève d'autres interrogations, comme celle de savoir si la femme est réellement au centre comme "maîtresse du jeu social". Peut-être cette centralité n'a pas de poids réel dans la société au point de constituer une menace au pouvoir masculin. Il convient aussi de se demander d'une part si les femmes sont assez conscientes de ce levier du pouvoir qu'elles possèdent, et d'autre part si elles sont solidaires dans leur combat. Cette solidarité féminine a été mise rude épreuve dans le film *Taafe Fanga* où la désunion des femmes a permis aux hommes de reprendre possession du masque, symbole du pouvoir. Contrairement à Kane, Cazenave considère la marginalité comme un procédé permettant d'accéder au centre car, écrit-elle,

> c'est en adoptant au départ une démarche de marginalisation de leurs personnages, d'exploration audacieuse de zones interdites [...] qu'elles sont parvenues à s'inscrire au centre, s'assurant ainsi l'appropriation de genres de langage jusqu'ici considérés comme la prérogative des hommes. (14)

La perspective de Cazenave s'inscrit dans une démarche d'accès au centre en revendiquant leur marginalité. On remarque une démarche similaire des homosexuels qui prônent leur droit à la différence. Ainsi, il existe une convergence entre le roman féminin et les cinémas féminins/féministes ouest africains sur la représentation de la marginalité féminine.

B. Cinéma engagé et approche comparative

La notion de cinéma féministe est prise dans un sens plus large pour intégrer d'une part le cinéma féminin qui désigne des films réalisés par des femmes cinéastes même si ces films n'ont pas toujours un agenda féministe, et d'autre part les productions cinématographiques de réalisateurs femmes ou hommes qui présentent clairement un discours féministe. Le corpus de l'étude dans le troisième chapitre est composé des films francophones ouest africains, sans distinction de genre ou de support, touchant à la question de la condition féminine. Il convient d'abord de baliser le champ de cette investigation en examinant l'image de la femme victime, ensuite d'analyser la réalité historique de la condition féminine avant et pendant la colonisation, et enfin de voir comment le cinéma d'aujourd'hui déconstruit cette image de la femme victime.

1. Cinéma féministe

La condition de la femme est régulièrement peinte à travers la représentation de la femme opprimée, c'est-à-dire celle d'une victime et d'une actrice sociopolitique sans une influence véritable. C'est soit l'image femme prise prisonnière de pratiques traditionnelles rétrogrades, soit de la femme discriminée face l'homme. C'est également l'image de la femme qui n'est pas assez instruite ou mature pour faire partie de l'instance décisionnelle ou celle présentée comme en marge du circuit économique. Si la réalité actuelle de la condition de la femme en Afrique de l'Ouest n'est pas tellement différente de celle décrite plus haut, le risque de généralisation est réel, d'où la nécessité d'observer certaines nuances dans l'analyse des sociétés ouest africaines qui ne constituent pas un ensemble monolithique. Par exemple, aussi répandue soit-elle, l'excision n'est pas pratiquée par tous les groupes ethniques. Mais surtout pour le cinéma féministe, c'est la réponse à cette généralisation de la représentation de la femme dans l'histoire qui constitue une des bases de l'approche déconstructionniste. Cette derniere permet non seulement de (re)découvrir l'histoire, mais aussi de montrer les contradictions et les facteurs historiques qui ont contribué à la présente situation et de sa représentation. C'est ainsi que nous montrerons par des exemples concrets que la femme africaine n'est pas une victime résignée, et comment certains facteurs historiques ont contribué à son oppression.

L'histoire abonde d'exemples en Afrique de l'Ouest où les femmes ont fait preuve de sacrifice, de leadership et d'engagement pour de grandes causes. Aujourd'hui, le parcours de ces femmes constitue une source d'inspiration et de fierté légitime pour leurs descendants, et la cause de la femme en particulier. Selon Didier Gondola[43], ce sont les femmes qui, à travers des lieux horizontaux comme le marché, la rue, et les associations d'entraide, se sont opposé à la structure verticale du pouvoir colonial à Kinshasa. La similarité est aussi frappante avec les Ouest Africaines qui sont fortement représentées dans les marchés comme par exemple les Nana Benz dans le commerce du pagne au Togo. Le petit commerce constitue une source de revenu non négligeable pour les familles en ces temps de crise économique. Il y a aussi des associations féminines d'entraide où les femmes cotisent

43 "Unies pour le meilleur et pour le pire. Femmes africaines et villes coloniales: une histoire de métissage".

perçoivent leurs quotes-parts par rotation. C'est ce qui est connu sous le nom de "tontine". Les exemples de l'histoire des femmes de Nder, la légende de la reine Pokou, les Amazones du Dahomey, et le développement de lieux horizontaux du pouvoir par les femmes sont autant de cas qui, même s'ils ne sont pas représentatifs de la situation globale, invitent néanmoins au relativisme par rapport à une généralisation qui recèlerait des contradictions ou occulterait des vérités historiques. Ces dernières méritent d'être examinées quant aux rôles joués par la colonisation et les religions dites importées dans la définition de la position sociale de la femme. L'examen de la part de responsabilité de la colonisation et des religions monothéistes ne signifie pas l'absence ou le déni d'une responsabilité locale, sauf que la responsabilité locale à travers les pratiques traditionnelles a été jusqu'à présent celle qui est régulièrement mise en cause. C'est une analyse qui présente une autre perspective sur la question, permettant ainsi d'avoir une lecture globale et équilibrée.

Même si l'histoire des femmes dans les villes coloniales africaines qu'aborde Didier Gondola concerne l'Afrique centrale avec l'exemple de Kinshasa, elle lève néanmoins un coin de voile sur les conséquences de la colonisation sur la condition féminine. Malgré la différence d'expérience et de contexte, cette condition féminine est plus similaire que différente des autres colonies de l'époque comme en Afrique de l'Ouest. Le mouvement des femmes dans les années 1920 et 30 vers les villes comme Kinshasa, qui était alors un campement pour travailleurs célibataires, était fortement réglementé. À cette exclusion par l'interdiction d'accès à certains lieux, s'ajoute le fait que la femme était doublement marginalisée par les effets induits de son exclusion de l'éducation scolaire. Développée par l'Église, l'instruction scolaire devait surtout former des commis locaux et des auxiliaires indigènes pour aider à prêcher la parole de l'Évangile. C'est une marginalisation où, selon Didier Gondola[44], "les femmes africaines se sont gardées, sauf dans de rares cas, de mener cette guerre des sexes dans les domaines (le travail salarié, l'éducation scolaire, l'administration et la politique) que la société coloniale avait d'office réservés aux hommes." C'est le début d'une marginalisation de la femme qui a été favorisée par la colonisation. Dans son article[45] publié en 1940, Henri Labouret rapporte les propos d'une sœur religieuse contente d'avoir éduqué quelques filles qui pourront s'occuper de la maison de leurs maris "évolués". Dans son article, Labouret déplore aussi la méconnaissance des cultures locales par nombre d'auteurs dont les écrits sur la situation de la femme ouest africaine ont conduit à des conclusions hâtives et erronées, répandant ainsi une représentation inexacte des rôles sociaux de l'homme et de la femme.

Ainsi, après cette analyse par des exemples de points saillants de la femme ouest africaine avant et pendant la colonisation, il ressort que la marginalité féminine et l'image de la femme victime est le résultat de l'interaction des facteurs locaux et externes. La féministe nigériane Ogundipe-Leslienote declare que "the colonialism systems negatively encouraged or brought to the fore the traditional ideologies of the patriarchy of male superiority which originally existed in African societies in precapitalist Africa. It has calcified existing and introduced others" (30).

---

[44] "Unies pour le meilleur et pour le pire. Femmes africaines et villes coloniales: une histoire de métissage".

[45] "Situation matérielle, morale et coutumière de la femme dans l'Ouest africain"

C'est dans cette démarche de déconstruction du pouvoir patriarcal et de retour au passé que s'inscrit le cinéma féministe pour situer la marginalité et l'oppression qui marquent la condition actuelle de la femme. Pour la féministe et cinéaste Laura Mulvey, l'image de la femme au cinéma reflète le regard de l'homme sur celle-ci, d'où la nécessité de déconstruire le "male gaze" (regard masculin). En faisant le parallèle entre l'histoire du cinéma et celle du mouvement féministe, Mulvey[46] note que l'apparition, dans les années 90, de nouvelles technologies numériques et électroniques, a contribué à la démystification du processus de mise en film. Cette innovation donne l'opportunité au spectateur de mieux déchiffrer les images à travers le concept du *pensive spectator*, à savoir la possibilité qu'a désormais le spectateur de contrôler l'image par le choix, le visionnage, ou le retour à une séquence précise dans le film. Cette démystification de la mise en film et l'avènement du spectateur "intelligent" rejoignent l'approche féministe de la déconstruction.

La relative accessibilité du medium cinématographique par la vidéo numérique ouvre des opportunités pour la défense de la cause féminine. Il s'agit des vidéofilms et séries télévisées qui connaissent un grand engouement auprès des populations en Afrique de l'ouest. Dans une démarche deconstructionniste pour l'appréhension du pouvoir masculin, Martial K. Frindéthié[47] présente le déplacement ou mouvement dans l'espace comme étant le mode d'analyse approprié. Frindéthié considère que le patriarcat étant basé sur une structure constituée de

---

[46] "Looking at the Past from the Present: Rethinking Feminist Film Theory of the 1970s".

[47] *Francophone African Cinema: History, Culture, Politics and Theory.*

symboles et de représentation, la femme manifeste son rejet de la marginalité en accédant aux espaces qui lui sont traditionnellement interdits. C'est la lecture qui peut être faite de la prise par les femmes, dans le film *Taafe Fanga*, du masque Albarga qui représente le symbole du pouvoir des hommes. Par l'histoire masque, le film met aussi en relief un élément historique relatif à la marginalité de la femme. Selon l'imaginaire Bambara, c'est la femme qui a été la première à découvrir le pouvoir du masque avant d'en être interdit l'accès par l'homme. Cela confirme le fait que les films sur la condition de la femme font souvent un retour dans l'histoire pour montrer comment le pouvoir masculin a été construit, maintenant ainsi la femme dans la marginalité.

La démarche déconstructionniste proposée par Frindéthié, le concept de réappropriation territoriale de Gardies et l'espace comme grille de lecture de la marginalité développé par Brahimi montrent bien l'importance de la représentation filmique de l'espace. Ce dernier est un élément cinématographique incontournable dans l'expression et l'analyse de la marginalité dans les cinémas africains. La représentation de l'espace sert aussi de point d'ancrage au contexte socio-culturel du film.

2. Le courant socio-réaliste

L'engagement politique, social et culturel des cinéastes africains s'inscrit dans un contexte colonial et postcolonial de réécriture de l'histoire, de revendication d'une identité culturelle et d'interrogation sur les espoirs des indépendances. Beaucoup de recherches ont été faites sur la thématique de l'engagement dans le cinéma africain, et juste quelques rappels importants suffisent pour situer le contexte. Notre analyse s'intéresse particulièrement à l'œuvre de Sembène sur le développement du courant socio-réaliste dans le cinéma africain et au type d'engagement toujours qui est perceptible dans certaines œuvres cinématographiques de 1990 à 2005.

Si le contexte politique post-indépendance a marqué les œuvres filmiques des cinéastes africains, ce sont surtout la Charte d'Alger et le Manifeste de Niamey qui constituent les deux actes officiels majeurs qui expriment une volonté commune et manifeste des cinéastes d'utiliser le cinéma comme un instrument de libération politique et culturel, et ensuite de créer de véritables industries cinématographies nationales. Cet engagement des cinéastes traduit non seulement la réalité historique des aspirations des peuples, mais également présente leurs propres lectures de situations sociales et politiques qu'ils vivent avec les populations. Ainsi, le cinéaste burkinabé Gaston Kaboré affirme que: "Clearly my films could not avoid historical, social and political developments, because we have always lived in an environment that contains these elements" (*Questioning African Cinema* 115). Si le contexte historique, politique et social peut expliquer l'engagement des cinéastes africains, on ne pourrait pas en dire autant du développement du courant socio-réaliste. Ce dernier résulte de la formation des cinéastes dits de la première génération formés en ex-URSS et de l'influence du néo-réalisme italien dont le film *Voleur de bicyclette* de Vittorio De Sica en est l'exemple souvent cité comme référence. Le socio-réalisme s'était développé comme le genre d'approche le plus en adéquation à la fonction didactique et de dénonciation que jouait le cinéma. Les images de la vie quotidienne, considerees comme plus proches de la réalité sociale, ont une grande force de persuasion même dans les rares cas où les films étaient entièrement tournés en langue française.

Sembène Ousmane, par son œuvre cinématographique qui s'étale sur une quarantaine d'années ; et son engagement politique et social a été le principal facteur du développement du courant socio-réaliste dans les cinémas francophones ouest africains. Cette influence socio-réaliste de l'œuvre de "l'Aîné" si énorme que Kenneth Harrow [48] soutient que l'œuvre de Sembène influence également les critiques du cinéma africain de sorte que l'engagement reste une grille habituelle de lecture du cinéma africain alors qu'il faudrait la dépasser. Tout en démontrant la structure narrative des films socio-réalistes de Sembène, Harrow critique la fin de ces films où, affirme-t-il, le cinéaste s'érige en donneur de leçons. Ainsi, selon Harrow, les films de Sembène suivent la même structure narrative en trois étapes dont la première consiste en la présentation d'un problème ou d'une situation de crise, la deuxième présente une fausse piste dans la résolution du problème, et la solution au problème est trouvée à la troisième. Le reproche de Harrow à Sembène est que celui-ci ne présente pas à la fin du film toutes les solutions possibles mais présente plutôt celle que lui a choisi, d'où l'imposition de sa solution aux spectateurs. À l'argument de Harrow, nous pouvons répondre qu'en tant qu'artiste, le cinéaste a le droit de présenter sa lecture personnelle d'une situation et de proposer une ou des solutions. C'est cette prise de position qui donne la pleine mesure aux convictions du cinéaste et de son engagement pour une cause déterminée. En outre, si la fin de certains films est laissée à l'interprétation du spectateur,offre ainsi aucune solution concrète, cela ne cadrait pas avec le contexte africain marqué par l'immédiateté et l'urgence. Ainsi, le spectateur aurait plus besoin d'une proposition concrète même si celle-ci peut être discutable.

[48] *Postcolonial African Cinema: From Political Engagement to Postmodernism.*

Après l'examen de l'engagement politique et social dans le cinéma africain et le développement du courant socio-réaliste à travers l'influence de la cinématographie de Sembène, il convient maintenant de s'interroger sur le genre, la forme et la continuité de l'engagement dans les productions cinématographiques ouest africaines francophones de 1990 à 2005. Ukadike[49] distinguait déjà en 1994 deux tendances dans le cinéma africain après 1970 : les thématiques de libération politique et d'introspection. Cette dernière représente pour Ukadike l'émergence d'une nouvelle génération de cinéastes africains qui portent un regard, sans fondement idéologique, sur des thèmes locaux qui sont d'une grande richesse car écrit-t-il,

> the new breed African filmmaker seeks to advance cinematic strategy beyond the ideologies that have defined the contours of sociopolitical films…the filmmakers feel there is an overabundance of local themes and an inexhaustible number of sociocultural motifs with which to sustain production. (252)

Dans cette représentation des réalités sociales à travers l'exploration de thématiques locales, ce n'est plus le discours anticolonialiste ou la lecture idéologique des relations entre Nord et Sud qui domine mais plutôt l'attention est de plus en plus portée sur le traitement des défis au quotidien des populations et l'épanouissement de l'individu au sein du groupe. Même si souvent la ligne de démarcation entre local et global s'estompe tant l'influence est réciproque et qu'il n'est pas toujours facile d'écarter totalement l'aspect idéologique (sa propre vision du monde ou élaboration théorique) dans une production

---

[49] *Black African Cinema*

artistique, les œuvres des cinéastes ouest africains placent depuis une quinzaine d'années montrent que le local et l'individu au centre de leur intérêt. Les thèmes sociaux comme la condition féminine et les droits humains font l'objet de beaucoup de films de même que la sexualité à travers l'excision et l'homosexualité. La continuité de l'engagement des cinéastes pour la cause féminine est très remarquable dans leurs productions avec par exemple, *Femme aux yeux ouverts* qui donne la parole aux femmes de cinq pays ouest africains pour parler de leur situation économique et sociale. Ce film, construit sous forme de témoignage à la première personne en la forme d'autobiographie, ne constitue pas non seulement une prise de parole par ces femmes, mais aussi une dénonciation de leur condition. Sembène est un cinéaste qui a toujours défendu la cause de la femme africaine. Par une représentation innovante, il donne une autre image de la femme. *Moolaadé* représente l'exemple de cet engagement avec le thème de l'excision où se retrouvent les arguments médical, culturel et juridique que Tanella Boni considère comme les points autour desquels tournent toujours le débat de la pratique de l'excision.

Pour ce qui est des films sur les marginaux comme les homosexuels et les fous, une différence notable se dégage à l'examen de leur traitement thématique et esthétique. La représentation filmique de l'homosexualité[50] a un double objectif qui consiste à susciter un débat et à reconnaître aux homosexuels le droit à la différence qui devrait conduire à une plus grande tolérance à leur égard. Tout comme les femmes dans les films documentaires, les homosexuels prennent aussi la parole pour s'exprimer sur leur condition. Une démarche qui, si elle offre une autre

[50] Cela est remarquable dans les films *Dakan* (1997) et *Woubi Chéri* (1998).

perspective interne l'homosexualité vise surtout à provoquer un changement d'attitude chez une population majoritairement hostile à cette pratique sexuelle. C'est une revendication pour une meilleure intégration sociale du marginalisé dans le groupe.

Contrairement à la femme ou à l'homosexuel, la représentation du fou dans les cinémas ouest africains n'intègre pas un discours de revendication ou de dénonciation de la condition de celui-ci. La folie est utilisée comme partie integrante de la structure narrative tout comme dans les films où la structure narrative est inspirée de l'oralité à travers la tradition du griot. Le fou est également utilisé comme la voix de la raison et celui qui dénonce l'oppression et l'injustice lorsque la parole est confisquée.

3. Approche comparative

Elle consiste à comparer le traitement par trois ou quatre films du thème de la représentation de la marginalité, c'est-à-dire de l'homosexuel, du fou ou de la femme ; ce qui permet de montrer les différents aspects de la problématique traitée et de voir aussi si les perspectives présentées dans les films sont complémentaires ou divergentes. Aussi, même si chaque partie du travail est consacrée à un type particulier de marginalité, des analyses comparatives seront faites entre les différentes parties. Par exemple, dans la partie sur l'homosexualité, des rapprochements vont être faits entre homosexualité et folie, et entre homosexualité et la femme en Afrique de l'Ouest. Quant aux trois types de marginalité regroupés sous la notion d'"altérité dérangeante et innovante", le choix du corpus filmique à étudier s'inscrit également dans une démarche comparative. Par exemple, sur l'altérité innovante, on a plusieurs films qui traitent de la question avec différentes approches. *Femmes aux yeux ouverts* est un film documentaire qui donne la parole aux femmes de cinq pays ouest africains (Benin, Burkina Faso, Mali, Sénégal, Togo) pour parler de leurs initiatives innovantes dans des domaines comme la santé, l'économie et la politique. Dans *Moolaadé*, Sembène Ousmane utilise "le califa, le droit de protection" comme technique innovante alors que dans *Taafe Fanga*, Adama Drabo fait recours au mythe pour opérer le renversement de rôles entre femmes et hommes. Cette démarche comparative de films sera complétée, dans certains cas, avec celle de films non ouest africains pour étayer l'analyse. C'est le cas par exemple du film *Nous sommes nombreuses (TOZA É BÉLÉ)* réalisé en 2004 du cinéaste sénégalais Moussa Touré qui traite de la condition des femmes après la guerre au Congo, ou encore le film *Rue cases-nègres* d'Euzhan Palcy.

Dans son dernier ouvrage[51], Manthia Diawara insiste sur la naissance d'une nouvelle vague de cinéastes africains, "the new wave of African Filmmakers", à la fin des années 1980 et au début des années 1990. Les films de Souleymane Cissé et d'Idrissa Ouédraogo représenteraient la période transitoire entre le cinéma fortement influencé par Sembène et la nouvelle vague. Cette désignation des cinéastes d'après 1990 par le terme de "nouvelle vague de cinéastes africains" fait forcement penser à la rupture voulue par les cinéastes de la Nouvelle Vague[52] en France dans les années 1960. Cette nouvelle vague de cinéastes africains garde, selon Diawara, certains aspects de l'œuvre de Sembène, mais également prennent différentes approches esthétique, thématique et narratologique. Le modèle cinématographique de Sembène constitue, selon Diawara, la référence incontournable car conclut-il "thereoritically, therefore, it can be said that Sembène invented a paradigm for modern African cinema that all other filmmakers have to measure up to or deconstruct" (46). Sembène serait donc le modèle à reproduire ou à déconstruire pour proposer d'autres formes esthétiques et de prise de la parole. La thèse de Diawara est discutable parce qu'elle sous-tend qu'il n'y avait pas de cinéma africain avant Sembène, alors que nous avons les exemples de productions du cinéma colonial et de Paulin Vieyra qui démontrent le contraire.

---

[51] *African Film: New Forms of Aethetics and Politics.*

[52] Une révolution cinématographique par les dispositifs de tournage et une différente représentation de la réalité sociale. La Nouvelle Vague était portée par des cinéastes comme Jean-Luc Godard, Claude Chabrol, François Truffaut ou Jacques Rivette.

Si, selon Diawara, cette nouvelle vague de cinéastes africains innove par rapport à Sembène sur des aspects comme le recours au mythe, la narration, la spiritualité ou la place de l'individu ; la continuité est toutefois perceptible dans le traitement de thématiques politique et sociale. C'est ainsi le cas de l'individu face aux attentes normatives du groupe, de la sexualité féminine et masculine et de l'oppression de la population par les dirigeants politiques. Ces problématiques sont traitées avec différentes approches, même si l'influence de l'approche socio-réaliste est souvent présente. L'exclusion et la marginalité constituent le dénominateur commun des sujets abordés, et cela que ce soit avec les homosexuels africains ou le personnage du fou. La marginalité peut être analysée à partir de deux perspectives, à savoir celle interne et celle externe.

De la perspective de la communauté, Martine Xiberras[53] définit "le *marginal* comme un être qui est perçu comme se mettant hors du système du fait d'une inadaptation quelconque : il est aux confins, à la périphérie ou en tout cas au-delà de la ligne d'horizon, ce qui fait que les normaux ont des difficultés à le percevoir" (22). Mais pour Julien Freund, la marginalité "se caractérise par la revendication du droit de s'exclure des communautés traditionnelles et former des groupes plus ou moins informels en rupture avec la conscience collective courante" (*Les Théories de l'exclusion* 9). Ces deux perspectives dans la définition de la marginalité sont prises en compte dans l'examen de la représentation des marginaux ou déviants (homosexuels et fou) dans les films de la nouvelle vague à partir des années 1990.

[53] *Théories de l'exclusion : pour une construction de l'imaginaire de la déviance.*

Les deux perspectives susmentionnées permettent ainsi d'examiner l'espace social de référence, les manifestations ou formes de marginalité, l'enjeu et la symbolique que prend la marginalisation à travers l'interaction des membres de la communauté. Concernant la représentation du fou, le corpus filmique de notre étude porte sur *Sia*, *Tasuma*, *Delwendé* et *La nuit de la vérité*. L'examen de la représentation des homosexuels se fait à partir de *Dakan*, *Woubi Chéri* et *Karmen Geï*. Ces films sur l'homosexualité explorent l'expression de la sexualité de l'individu face aux prescriptions sociales normatives et la marginalisation d'une pratique sexuelle qui est perçue, soit comme contre-nature ou comme d'origine étrangère.

I. Homosexualité

Aborder la thématique de l'homosexualité est une entreprise délicate du fait non seulement de la difficile caractérisation de l'homosexualité dans les sociétés ouest africaines, mais aussi du risque d'être enfermé dans le débat récurrent sur la question d'une origine occidentale ou africaine de l'homosexualité. L'étude de l'histoire occidentale de l'homosexualité montre que c'est une pratique dont le débat a été fortement influencé par la médecine, la psychologie et la morale judéo-chrétienne. Aujourd'hui, l'homosexualité est de plus en plus abordée sous l'angle des droits de l'individu dans les différents domaines de sa vie sociale. Dans ce contexte, l'homosexualité peut se définir comme un mouvement social tel que le présentent Mélissa Blais et Francis Dupuis-Déri[54]. Pour ces derniers, un mouvement social comporte sept composantes dont les militants, les organisations, l'identité collective, la défense d'une cause

---

[54] *Le Mouvement masculiniste au Québec : l'antiféminisme démasqué.*

commune, l'engagement politique, une revendication et le changement des rapports sociaux comme objectif à atteindre (15). À cette évolution historique de l'homosexualité en Occident correspond le développement de différentes orientations dans la recherche académique sur l'homosexualité en Afrique. L'interrogation sur l'origine interne ou externe de la pratique de l'homosexualité occupe une grande partie des recherches qui lui sont consacrées. Thérèse Migraine-George [55] évoque à cet égard une approche dualiste, à savoir “internalist vs externalist debate ”. D'autres auteurs comme Stephen O. Murray et Will Roscoe[56] soutiennent la thèse selon laquelle des relations homosexuelles ont toujours existé en Afrique. Derrière ces positions sur l'africanité ou non de l'homosexualité se trouve la difficulté de caractériser une pratique qui recouvre différentes réalités culturelles et représentations.

Faut-il adopter la vision occidentale de l'homosexualité comme étant une relation égalitaire entre deux personnes de même sexe, ou qualifier d'homosexualité des pratiques sexuelles accomplies lors de certains rites initiatiques ? Telles sont autant d'interrogations et pistes possibles pour l'analyse de l'homosexualité. Mais pour l'intérêt de notre étude, nous privilégierons des films comme *Dakan*, *Woubi Chéri* et *Karmen Geï*, et nous y appliquerons une grille de lecture axée sur la marginalité, la masculinité et l'affirmation de soi. Le travail de Florence Tamagne sur l'histoire des représentations de l'homosexualité

---

[55] “Beyond the 'Internalist vs Externalist' Debate: The Local-global Identities of African Homosexuals in two Films, *Woubi Chéri* and *Dakan*”.

[56] *Boy-Wives and Female Husband : Studies of African Homosexualities*.

constituera une source majeure dans l'appréhension de cette thématique dans les films ci-dessus mentionnés.

A. Stéréotypes et marginalisation des homosexuels

Le traitement filmique de l'homosexualité met l'accent sur les clichés et la marginalisation dont ils sont l'objet dans leur tentative de vivre pleinement leur sexualité. Pour bien marquer la stigmatisation des homosexuels, les cinéastes se servent de la représentation de l'espace et de la relation oppositionnelle entre ville et village. Quant aux stéréotypes sur l'homosexualité qui sont portés à l'écran, ils traduisent non seulement une conception réductrice d'une pratique sexuelle reprouvée par la société, mais aussi nous plongent dans l'imaginaire et les représentations des sociétés d'où ils émanent.

1. Conception réductrice de l'homosexualité

Une interrogation revient constamment dans l'appréhension de l'homosexualité par la population, et elle porte sur l'origine des différents stéréotypes sur l'homosexualité. En d'autres termes, il s'agit de la définition et de la perception par l'individu de qui est homosexuel. Si pour certains, l'homosexualité se définit par les pratiques sexuelles, d'autres perçoivent l'inversion des rôles sexuels ou de genre comme un élément constitutif majeur de la pratique homosexuelle. En outre, la conception parfois simpliste de l'homosexualité résulte de facteurs présentés comme étant déclencheurs ou favorisant le comportement homosexuel. Ces stéréotypes et préjugés, représentés dans les trois films soumis à l'étude, concernent l'efféminement de l'homme et la masculinisation de la femme, les pratiques sexuelles et le rôle du contexte[57] familial.

Dans les représentations de l'homosexualité, les signes extérieurs, c'est-à-dire l'apparence du corps, renseignent sur l'orientation sexuelle de l'individu. Le "gay" serait reconnaissable par son efféminement et la lesbienne par sa masculinisation. Dans son analyse de l'évolution des représentations de l'homosexualité, Tamagne offre une perspective historique sur la naissance du stéréotype de l'homosexuel efféminé. En effet, cette apparition, selon Tamagne, traduit la perception de l'homosexualité comme une menace parce que

> le stéréotype de l'homosexuel efféminé qui se met en place à partir du XVIIIe siècle participe d'une volonté de repérage, voire de stigmatisation des comportements déviants : le contraire de l'idéal masculin, nier les liens homoérotiques au cœur de la société patriarcale, [...] le désir homosexuel remet en cause la hiérarchie des sexes (54).

Ainsi, l'identification et la stigmatisation des comportements déviants expliquent le développement des stéréotypes sur les homosexuels. Parmi les trois films soumis à notre étude, c'est surtout *Woubi Chéri* qui présente des exemples d'efféminement et de masculinisation des homosexuels. La soirée *Djémé Sabar*, organisée à Bingerville par les membres de l'ATCI[58] pour célébrer le nouvel An, montre les *woubi* habillés et maquillés comme des femmes. Dansant en cercle dans un

---

[57] *Mauvais genre : une histoire des représentations de l'homosexualité* de Florence Tamagne.

[58] Association des Travesties de Côte d'Ivoire.

cours sablonneux, les *woubi* tels que Vincent et Laurent sont reconnaissables par leur maquillage malgré le port du boubou. Quant aux *yossi*, rien de leur apparence physique et de leur accoutrement ne révèle des signes d'efféminement ou de masculinisation. Il y a une sorte de contraste représentationnel qui est établi entre d'une part les *woubi* qui donnent l'image d'homme efféminé, et d'autre part les *yossi* qui sont montrés dans leur masculinité. La même tendance s'observe aussi dans *Dakan* et *Karmen Geï* où très peu de signes extérieurs permettent au spectateur de déterminer l'orientation sexuelle des personnages de Sori, Manga ou Karmen. Si cela peut s'analyser comme une conséquence de la stigmatisation ou le produit du refoulement face à la réprobation sociale, des interrogations certes demeurent sur le sens et la valeur à donner à ce qui est dit *masculin* ou *féminin*. C'est pourquoi, l'efféminement et la masculinisation sont des caractérisations réductrices de l'homosexualité parce qu'on reste dans le flou quant à savoir s'ils indiquent le changement de sexe biologique pour un individu, ou s'ils renvoient aux attentes normatives du genre. Dans la représentation et l'imaginaire occidental, la masculinisation s'entend souvent par la coupe de cheveux à la garçonnière et le manque de maquillage pour l'homosexuelle, et l'efféminement de l'homme est associé à une trop grande attention accordée à l'apparence physique et une gestuelle dite féminine. De telles représentations ne sont pas perceptibles dans le cinéma homosexuel ouest africain francophone où il y a plutôt une expression très contrôlée de l'orientation sexuelle à cause de la stigmatisation et de la clandestinité de la pratique. Cette dernière pourrait aussi expliquer une appréhension de l'homosexualité qui se fait uniquement à travers les pratiques sexuelles. Pourtant, des différences existent entre les conceptions africaine et occidentale de la pratique homosexuelle. Par exemple, le réalisateur Mohamed Camara affirme que

> homosexuality is viewed differently in my own country, in my society. I would say that 90 percent of the people in Guinea think that a homosexual is an effeminate man who likes to imitate women [...] He is the women's friend. Every time there is a wedding, baptism, or a happy occasion, they are the ones who come to entertain (Ellerson 67).

Dans la société guinéenne, l'homosexuel serait donc une sorte d'homme efféminé qui apprécie énormément la compagnie des femmes. C'est une définition qui n'insiste pas ou peut-être omet délibérément la sexualité. Cette absence de référence à la pratique sexuelle peut être interprétée différemment. Mais, l'intérêt de cette définition de Camara est qu'elle permet de présenter une autre perspective sur l'homosexualité, c'est-à-dire le point de vue d'un espace culturel autre qu'occidental.

Outre l'efféminement et la masculinisation, la réduction de l'homosexualité est aussi liée à la conception sexiste et sociale de la sexualité que Tamagne[59] reprend de Daniel Borillo [60] . Selon cette conception, le sexe biologique déterminerait "un désir sexuel univoque (hétéro) ". Cette conception ne conduit qu'à des attitudes d'intolérance et à la limitation du débat uniquement aux pratiques sexuelles, et cela au détriment d'autres aspects comme l'identité, la culture et les droits des homosexuels. C'est une approche qui ne présente pas une vision

---

[59] "Genre et homosexualité: De l'influence des stéréotypes homophobes sur les représentations de l'homosexualité".

[60] *L'Homophobie.*

complète de la thématique dans sa représentation cinématographique.

À l'exception du film *Woubi chéri*, les deux autres films *Dakan* et *Karmen Geï* traitent de l'homosexualité sous l'angle exclusivement intimiste. Dans ces deux films, la référence à l'homosexualité est faite à travers soit des scènes d'intimité avec les personnages s'embrassent, soit des ébats sexuels. La scène d'ouverture de *Dakan*, dans un plan moyen tourné en plongée, montre deux jeunes hommes en train de s'embrasser passionnément dans une voiture décapotable rouge qui était stationnée dans un endroit caché. La composition du plan est très riche en symboles parce que la couleur rouge de la voiture fait écho à la passion sexuelle dont font montre les deux jeunes, et l'obscurité renforce le caractère tabou d'une pratique sexuelle dérangeante. Une autre scène du film montre Sori transporté à l'infirmerie du lycée suite à un malaise, et son interaction avec l'infirmière confirme une représentation essentiellement sexuelle de l'homosexualité. En effet après le diagnostic de stress établi par l'infirmière, Sori, visiblement soulagé par cette nouvelle car peut-être s'attendait-il au pire, informe l'infirmière qu'il était amoureux. Un plan rapproché du visage de l'infirmière montre deux expressions contrastées : d'abord, de la joie pour son patient amoureux, et ensuite de l'incrédulité lorsqu'elle apprend que le garçon était amoureux d'un autre alors qu'elle s'apprêtait à lui remettre des préservatifs. La réaction de l'infirmière est similaire à celle des camarades de classe de Sori qui s'interrogent comment lui et Manga font l'amour. Ce sont là des exemples qui dénotent d'une perception exclusivement sexuelle de l'homosexualité. L'imaginaire collectif renferme aussi d'autres perceptions comme celle de l'homosexualité comme étant le produit d'un contexte familial particulier.

La structure et la personnalité des membres de la famille sont un ensemble de facteurs qui favoriseraient le développement du comportement sexuel chez un individu. Selon Tamagne, déjà dans les années 50 aux Etats-Unis, des psychiatres comme Irving Bieber "analysa l'homosexualité comme le produit d'un contexte familial spécifique, avec un père hostile et une mère séductrice, alors que le lesbianisme s'expliquait, selon Cornelia B. Wilbur, par la domination de la mère associée à la soumission du père" (200). Cette lecture de l'origine familiale de l'homosexualité est applicable à différents degrés aux familles de Sori et Manga dans le film *Dakan*. L'idée de la mère séductrice est évoquée dans le film par Manga qui raconte à Oumou qu'il est amoureux de sa mère, à qui il prétend être marié. Contrairement à l'analyse de Bieber et de Wilbur où la relative ascendance d'un parent par rapport à l'autre conditionnerait l'homosexualité, l'accent est plutôt mis sur l'absence de l'un des parents dans *Dakan*. Les deux jeunes lycéens vivent tous dans des familles monoparentales. Le père de Manga a longtemps immigré en France, abandonnant ainsi sa femme et son fils. Pour ce qui a trait à la mère de Sori, son absence n'a jamais été évoquée dans le film. De même, nous remarquons que les rôles sexuels que joués par les deux jeunes dans leur relation reflètent celui du parent présent. Sori et Manga jouent respectivement les rôles d'homme et de femme dans leur relation. La famille disloquée ou monoparentale est ainsi représentée dans le film comme pouvant influencer l'orientation sexuelle de l'enfant, mais nous pensons que cela est discutable dans le contexte culturel ouest africain. En effet, plusieurs personnes dans la famille élargie jouent très souvent le rôle de parents en l'absence d'un des parents biologiques, ce qui montre que cette absence qui n'est pas en soi un facteur qui influencerait l'orientation sexuelle. Sinon, cela reviendrait à conclure que tout enfant issu de famille monoparentale présente une forte probabilité d'être homosexuel, ce qui n'est pas encore prouvé. Cette hypothèse sur le rôle du contexte familial est une piste de réflexion qui comporte de sérieuses limites au vu du contexte culturel même si les mécanismes d'entre-aide traditionnelle ont tendance aujourd'hui à disparaître dans les villes africaines.

Ainsi, l'appréhension de l'homosexualité porte sur la base de critères comme l'efféminement et la masculinisation, la conception sexiste de la pratique, et l'influence du cadre familial. Ce sont des idées souvent stéréotypées de l'homosexualité qui non seulement véhiculent des informations incomplètes, mais aussi sont révélatrices de la stigmatisation et de la marginalisation des homosexuels.

2. Représentation filmique de la marginalisation des homosexuels

Face aux stéréotypes et au rejet de la pratique sexuelle, les homosexuels rentrent dans la clandestinité. L'expression filmique de cette marginalité prend différentes formes dont la représentation de l'espace quotidien et la différence d'attitude entre la ville et le village à l'égard de l'homosexualité.

L'histoire du film *Karmen Geï* se passe entre Dakar et l'île de Gorée qui est située relativement proche du centre-ville. Les scènes relatives à l'homosexualité se passent toutes dans la prison Kumba Castel sur l'île de Gorée : les scènes d'amour entre Angélique et Karmen, la masturbation d'Angélique, le suicide de cette dernière et de son service funéraire à l'église. À l'inverse, les parties de l'intrigue qui ont lieu à Dakar ne présentent aucune référence à l'homosexualité. L'espace constitue ici un moyen d'expression filmique de la marginalisation des homosexuels parce que l'île de Gorée représente la périphérie qui est détachée du centre que constitue Dakar. Située en marge de la société, les homosexuels sont laissés à leur propre sort comme en témoignage la grande déception d'Angélique après sa tentative auprès de Ma Penda pour que Karmen renoue contact avec elle. C'est d'ailleurs ce désespoir de ne plus pouvoir revoir Karmen qui a conduit Angélique au suicide. Outre la configuration de l'espace, la symbolique de la prison (Kumba Castel) constitue un autre élément qui traduit la marginalisation des l'homosexualité dans la société sénégalaise. La prison représente le confinement d'individus considérés comme déviants par rapport aux règles et normes de la société, et c'est seulement dans ce cadre correctionnel que l'homosexualité est tolérée. Tout se passe comme si cette pratique sexuelle est une menace de sorte que la position géographique de l'île ne suffirait à la tenir éloignée de Dakar, et qu'il faudrait davantage de moyens coercitifs, d'où le recours à l'"emprisonnement".

Cette marginalisation des homosexuels comme des parias suscite quelques observations. D'abord, nous avons l'impression que toute déviance ne prend racine et ne se développe qu'à la périphérie, donnant ainsi l'image d'un centre homogène et pur. Dans la réalité, les prétendus déviants sont des individus du centre que la société a rejetés à ses marges. Si, la majorité projette cette image d'homogénéité et de normalité, c'est parce que soit elle nie toute existence de pratiques homosexuelles parmi ses membres, soit elle réprime tout comportement déviant à travers différents mécanismes sociaux de répression. Ensuite, la représentation de l'homosexualité comme existant principalement à l'intérieur de la prison Kumba Castel sur l'île de Gorée pourrait aussi participer de l'"invisibilité de la marginalité"[61] selon laquelle le sujet

---

[61] Yves Barel, op cit.

observateur feint d'ignorer l'existence de l'objet. Dans ce cas, c'est une attitude empreinte de mauvaise foi et de refus d'accepter la réalité des faits, à savoir la présence de pratiques homosexuelles dans des couches de la société autres que les marginaux.

La mise en opposition des plans d'ouverture du film *Woubi Chéri* montre aussi le contraste des deux univers dans lesquels vivent d'une part les "normaux ou hétérosexuels", et d'autre part les homosexuels abidjanais. Le premier plan du film donne une "image carte postale" de la ville d'Abidjan : une vue aérienne de la ville montrant la lagune, des immeubles du quartier administratif du Plateau, des échangeurs et de belles résidences. À cette vue magnifique de la ville qui campe le lieu de déroulement de l'histoire, succède un deuxième plan d'un quartier populaire où deux homosexuels marchent ensemble entre des maisons en bois. Ces deux premiers plans du film illustrent parfaitement la mode de représentation iconique de l'espace à travers "béton/banco" d'André Gardies. Deux types de matériaux de construction qui sont révélateurs du statut socio-économique. Les constructions en bois à la périphérie indiquent les conditions précaires des homosexuels qui sont tenus loin du centre-ville, symbole du pouvoir et de la normalité. Cette juxtaposition de plans à valeur symbolique opposée est comparable, dans la représentation de l'exclusion dans *Borom Sarret*, à l'image du charretier d'une banlieue de Dakar à qui l'accès au quartier du Plateau est interdit. Ainsi, l'espace constitue une dimension centrale dans la représentation de l'exclusion dans *Karmen Geï* et *Woubi Chéri*.

La ville comme espace d'ancrage des films homosexuels ouest africains constitue un autre dénominateur commun entre les trois réalisations *Dakan*, *Woubi Chéri* et *Karmen Geï* qui se déroulent respectivement à Conakry, Abidjan et Dakar. Dans le traitement de l'homosexualité, la ville est opposée au village ou aux quartiers périphériques. C'est un contraste qui va au-delà de ce qu'André Gardies qualifie de chaîne paradigmatique du cinéma négro-africain, c'est-à-dire l'opposition entre modernité et tradition qui se traduit sous diverses représentations[62]. La ville en tant qu'espace cosmopolite offre une autre piste de réflexion sur la marginalisation des homosexuels. La ville représente cet espace de rencontre de différentes valeurs et d'influences culturelles. En d'autres termes, c'est un lieu où non seulement se côtoient des personnes venues de différents horizons, mais également se mélangent souvent les traditions locale et occidentale par le biais de différents moyens de communication. Le citadin africain se trouve donc au carrefour de plusieurs influences. À cet égard, Therese Migraine-George affirme à propos de *Woubi Chéri* et *Dakan* que "these two films, take place mainly in urban settings, show their protagonists as belonging to contemporary societies and cultures composed of both traditions and Western influences"(47). L'ancrage des films homosexuels dans les grands centres urbains ouest africains suscite deux interrogations, à savoir d'une part si c'est en ville seulement que les homosexuels peuvent exprimer un tant soit peu leur sexualité, et d'autre part si la ville est représentée comme lieu de débauche par opposition au village. Une certaine ambivalence existe dans la représentation de la ville comme lieu d'expression et de répression de l'homosexualité contrairement au village qui est perçu comme plus tolérant. Deux exemples dans *Dakan* et *Woubi Chéri* montrent clairement comment la ville représente un cadre social qui marginalise les

[62] Europe/Afrique, Présent/Passé, Ville/Campagne, Individualisme/Solidarité, Moralité/Débauche.

homosexuels. Face à la stigmatisation et au rejet, Sori et Manga projettent de quitter Conakry pour aller au village pour vivre pleinement leur sexualité comme en témoigne leur échange :

> Sori : Plus tard, je voudrais que tu viennes vivre au village avec moi. On sera très heureux.
> Manga : Peut-être qu'au village, on sera accepté qu'ici.

Les deux lycéens, après l'échec de leurs tentatives d'une vie hétérosexuelle, se retrouvent effectivement à la fin du film au village où ils montent dans une voiture vers une direction inconnue. Nous avons ainsi l'image du village comme un refuge face à l'oppression de la ville. Une telle opposition entre la ville et le village est aussi présente dans *Woubi chéri* où les membres de l'ATCI ont décidé d'organiser leur fête du nouvel An à Bingerville parce qu'ils avaient été attaqués à la même célébration l'année précédente à Abidjan. Ainsi, c'est une représentation de la ville hostile à l'homosexualité contrairement l'ouverture sur plusieurs cultures qui la caractérise, alors que le village ou la périphérie constitue le refuge des opprimés. La représentation du village comme étant plus tolérant à l'égard des homosexuels peut s'expliquer par le fait que celui-ci est moins affecté par les mutations sociales et ses corollaires. Il y a également le fait que l'autocensure en matière d'expression de la liberté sexuelle est plus importante au village contrairement en ville, ce qui donne l'impression que le village est plus accueillant pour les homosexuels.

Au terme de cet examen, il ressort que la représentation filmique de la marginalisation des homosexuels porte sur une opposition binaire entre ville et village, et entre quartiers périphériques et centre-ville. La marginalisation des homosexuels dans la société s'explique par la perception de leur sexualité comme une déviance et une négation de la masculinité.

B. Homosexualité et prescriptions sociales normatives

L'attitude de la communauté à l'égard de l'homosexualité est conditionnée par des valeurs et des normes propres au contexte socio-culturel du groupe. Entre homosexuels et hétérosexuels s'instaurent des rapports antagonistes qui s'expliquent par la perception de l'homosexualité comme une attaque ou une transgression des valeurs de la société. Selon Martine Xiberras, cette transgression ne réside pas dans la nature de l'objet lui-même, mais plutôt dans l'interaction des acteurs. La déviance constitue "une propriété qui n'appartient ni à la personne déviante, ni à son comportement, mais à l'interaction entre deux groupes : ceux qui transgressent et ceux qui régissent l'acte de transgression" (99). Dans *Dakan*, *Woubi Chéri* et *Karmen Geï*, la déviance de l'homosexualité réside notamment dans l'absence de la fonction procréatrice dans la relation homosexuelle, l'atteinte aux valeurs familiales traditionnelles et la remise en cause de la masculinité.

1. Homosexualité : relation contre-nature et menace à la famille

Les *labelling theorists* ou théoriciens de l'étiquetage définissent les déviances comme "toute forme de comportement qui transgresse les normes acceptées et définies par un groupe ou une institution dans une société donnée" (Xiberras 95). La déviance constitue donc une transgression de valeurs relatives à un domaine particulier dans la société. C'est ainsi qu'en matière de sexualité, l'homosexualité est prise pour la norme, et la relation homosexuelle est perçue comme contre-nature.

En dehors de l'hétérosexualité, et il est impossible pour beaucoup de gens d'accepter l'existence d'un autre type de sexualité. À la question de Manga de savoir s'il est mauvais d'éprouver un désir pour un autre garçon, sa mère Fanta lui répond que

> It never happens. Since time began, it's never happened. Boys don't do that! That's all there is to it!

La réaction de la mère de Manga laisse entrevoir le tabou et la déviance qui entourent l'homosexualité dans la société guinéenne. L'hétérosexualité étant la norme, il n'y a pas de compromis à ce sujet, comme le démontre le refus de Fanta à toute comparaison entre amour hétérosexuel et homosexuel. En effet, Manga a tenté sans succès de convaincre sa mère que l'amour qu'il a pour Sori est similaire à celui que cette dernière porte à son mari. La composition des plans de la scène, montrant l'échange entre la mère et le fils, offre une parfaite représentation de l'homosexualité comme une déviance. Dans un plan moyen, la camera montre la mère vêtue de boubou traditionnel et assise au milieu d'un salon modeste. Celui-ci est éclairé au moyen d'une lampe néon qui plonge la mère dans une grande luminosité. Dans un angle opposé, la camera montre Manga se tenant debout dans l'obscurité au fond du salon à côté d'une porte entrouverte. Le spectateur remarque tout de suite que la lumière est ici utilisée comme un signe de l'opposition entre les deux personnages, une technique qui est pratiquée dans certains genres de films[63] où la pénombre sert de signe indicateur aux intentions malveillantes du personnage et/ou de son statut de marginal. Au fur et à

[63] Films policiers ou films sur la criminalité.

mesure que Manga sort de l'obscurité et avance vers sa mère, on a l'impression d'assister à une sorte de *coming out of the closet*[64]. Sur le plan symbolique, c'est l'image du marginal qui rejoint le centre. Lorsque Manga rejoint sa mère au milieu du salon, on entend l'appel du muezzin à la prière du soir. Cette scène offre deux éléments, à savoir la tradition et la religion qui influencent la perception de l'homosexualité comme une déviance. L'allusion à la tradition mais surtout à la religion dans le film est subtile, et cela se comprend en raison du caractère dérangeant de la problématique.

La fonction procréatrice de la sexualité constitue une autre grille de lecture et de compréhension de l'homosexualité, comme une déviance, dans les films ouest africains francophones. Le couple est traditionnellement défini comme une union entre l'homme et la femme, et la société attend une progéniture de cette union. C'est pourquoi les femmes stériles sont marginalisées ou souvent l'objet de railleries de la part des autres. Cette importance de la procréation est montrée dans les films à travers la nécessité d'assurer la pérennité de la lignée familiale, le désir d'avoir un successeur mâle pour gérer le patrimoine familial, et l'honneur pour les grands-parents d'avoir des petits enfants. Les parents de Sori et de Manga sont tous préoccupés par le fait que s'ils approuvent cette relation homosexuelle entre leurs fils, celle-ci compromet sérieusement la survie de leur descendance. Cette crainte de la disparition de la famille trouve écho dans le rappel de Fanta à Manga sur ses obligations : “tu es notre fils. Tu dois nous donner des enfants”. Bakari Kaba avertit Sori aussi des conséquences de l'homosexualité : “tu veux que notre lignée disparaisse

---

[64] L'expression “sortir du placard” pour signifier la révélation de son orientation sexuelle.

avec toi ?" L'inquiétude des deux parents pour la descendance ne s'est pas seulement limitée à des mises en garde, mais elle s'est traduite par la prise de décision d'empêcher toute relation entre leurs fils. C'est ainsi que Bakari Kaba va envoyer Sori en province pour étudier alors que Fanta encourage une relation hétérosexuelle entre Manga et Oumou.

Dans *Woubi Chéri*, la question de la reproduction est au centre d'une sorte de négociation entre les valeurs traditionnelles et la pratique homosexuelle. Les woubi se soumettent à la volonté des *yossi* d'avoir des enfants, mais ils n'envisagent pas cela pour eux-mêmes. C'est le cas par exemple de Laurent qui non seulement dit comprendre le besoin de son partenaire Jean-Jacques d'avoir un enfant, mais aussi est même "prêt à vivre caché derrière la famille" de celui-ci. Cette position de compromis de la part des homosexuels traduit une volonté d'exister malgré un contexte social qui ne reconnaît pas l'union entre mêmes sexes. Cette attitude des woubi cache aussi une insatisfaction profonde face à ce qu'ils perçoivent comme une fuite de responsabilité de leurs partenaires yossi qui cèdent facilement aux pressions de l'entourage immédiat. La fonction reproductive de la sexualité et la primauté des valeurs de la famille ou du groupe sont très présentes dans *Dakan* et *Woubi Chéri*, comme le souligne Migraine-George "family values are at the core of the protagonists' experience in both films (47)". Les valeurs de la famille participent donc des facteurs qui conditionnent l'attitude à l'égard des homosexuels.

Par ailleurs, l'homosexualité soulève aussi une question de droit, à savoir la liberté ou le choix de l'individu face à celui du groupe. Faut-il accorder, en matière de sexualité, la primauté au groupe par rapport à l'individu, ou arriver à une forme de coexistence dans l'égalité entre les droits des deux entités. La situation représentée dans les films homosexuels laisse voir le renoncement aux libertés individuelles sous la pression conjuguée de la famille et de la communauté. Cette attitude de la société pourrait s'expliquer, selon Tshikala Kayembe Biaya[65], par le fait que "dans l'imaginaire sahélo-saharien, toute quête de satisfaction sexuelle par la pénétration du pénis dans un organe autre que le vagin reste culturellement considéré comme un acte contre-nature" (82). Si le groupe considère l'homosexualité comme une déviance, on peut se demander si ceux qui pratiquent cette forme de sexualité ont la même perception de leur comportement.

Les homosexuels perçoivent certes la différence de leur pratique sexuelle, mais cette différence ne constitue pas en soi une déviance pour la majorité d'entre eux. Leur attitude à l'égard de l'étiquetage de déviance peut être, selon Xiberras, de deux sortes parce que "le déviant peut lui aussi développer son propre regard quant au jugement de déviance qui lui est imposée : il peut être pleinement en accord avec le fait d'être déviant, ou à l'inverse se montrer plutôt ambivalent" (101). *Woubi Chéri* offre le meilleur exemple de l'appréciation de la déviance à partir du point de vue des personnes concernées. Les homosexuels, dans le documentaire, se montrent bien conscients de leur marginalité, mais celle-ci n'est pas vécue comme une déviance, mais plutôt une situation résultant de l'ignorance et de l'intolérance de la part des hétérosexuels. Le travail de déconstruction, à travers des rencontres qu'organise la présidente de l'ATCI Barbara, est révélateur de l'incompréhension qui existe entre les homosexuels et les autres. Face à l'intolérance de la "communauté adverse", Barbara se sent investie d'une mission : "je mène un combat quotidien. Je répands ma

---

65 "Les plaisirs de la ville : Masculinité, sexualité et féminité à Dakar (1997-2000)".

poudre d'escampette. Je transforme les controus en yossi, des toussi en lélé, je fais la propagande du woubia". Un militantisme qui montre la volonté des homosexuels abidjanais de rejeter une image dans laquelle ils ne se reconnaissent pas. La déviance constitue donc une construction sociale entre le discours dominant et celui d'une minorité sur un objet donné.

La caractérisation de la déviance constitue aussi le produit d'un processus incessant qui intègre des facteurs importants dont le rapport de forces en présence, l'enjeu social de l'objet et l'imaginaire du groupe. Un examen rapide de ces facteurs montre l'évolution et l'ambivalence qui caractérisent souvent l'appréciation de déviance. L'histoire [66] des représentations de l'homosexualité est marquée par la criminalisation des actes et comportements homosexuels jusqu'à la fin de la Deuxième Guerre mondiale. Aujourd'hui, le *momentum* semble être en faveur des homosexuels dans certains pays avec le soutien de groupes de pressions et l'engagement militant d'associations (pro)gay. On assiste à la légalisation d'unions homosexuelles et à la reconnaissance de leurs droits. Ainsi, le passage de la criminalisation de l'homosexualité à sa relative dépénalisation témoigne du caractère évolutif de ce qui constitue une déviance. Pour ce qui a trait à l'ambivalence du jugement de la déviance, Malidoma Patrice Somé [67] évoque l'homosexualité du "gate-keeper"[68] dans la société Dagara qui est située au

---

[66] Florence Tamagne.

[67] *Of Water and the Spirit: Ritual, Magic, and Initiation in the Life of an African Shaman.*

[68] Dans l'imaginaire Dagara, la survie et l'équilibre de la société dépend des gate-keepers qui surveillent le mécanisme qui ouvre la porte de ce monde à celle de l'autre monde.

Sud-Ouest du Burkina Faso. En citant Somé à propos du gate-keeper, Murray et Roscoe affirment que “many individuals who filled spiritual roles in his society are « gay », and he credits this to their capacity to mediate based on the ability to bridge gender roles” (92). L'exemple du gate-keeper a le mérite de montrer davantage le relativisme dans la définition du déviant parce que s'il a un comportement qualifié d'homosexuel, le gate-keeper n'est pas perçu comme un homosexuel dans la société Dagara. Cette ambivalence dans la caractérisation de la sexualité du gate-keeper réside dans le fait que d'une part celui-ci a une famille (une femme et des enfants biologiques) contrairement à l'acception occidentale de l'homosexualité, et d'autre part sa sexualité fait partie de sa fonction spirituelle. Sur le plan de la pratique rituelle, le cas du gate-keeper est similaire, à un certain degré, aux exemples[69] de garçons qui entretiennent des rapports sexuels entre eux lors de rituels initiatiques en Afrique Australe ou encore au cas de l'*erastes-eromenes*[70] dans la Grèce Antique. À travers la caractérisation de l'homosexualité comme déviance dans certains contextes, se pose alors la question, au-delà des différences culturelles existantes entre les régions, de la détermination des critères définissant l'homosexualité. Faudrait-il définir la déviance d'une sexualité par rapport à la pratique elle-même, sa finalité, ou l'inscrire dans l'imaginaire social du groupe. Tout comme sur la définition de l'homosexuel où les chercheurs ne sont pas arrivés à un consensus, l'appréciation de la pratique homosexuelle comme une déviance reste aussi une question à multiples grilles de lecture.

---

[69] Murray et Roscoe.

[70] Relation de même sexe entre deux partenaires de différents statuts sociaux : noble et mature avec un jeune esclave impubère.

Ainsi, nous pouvons affirmer à l'issue de cette partie de l'analyse que l'absence de la fonction reproductive et le souci de préserver la famille et ses valeurs constituent les principales raisons qui valent à l'homosexualité d'être caractérisées de relation contre-nature. Comme Biaya l'a souligné, l'imaginaire sahélo-saharien considère une relation entre mêmes sexes comme une déviance parce que l'hétérosexualité constitue la norme sociale acceptée. En outre, l'homosexualité est rejetée à cause de la perception qu'elle représente une menace à la masculinité.

2. Figure menaçante de l'homosexuel et figure tolérée de la lesbienne

Dans l'imaginaire de nombreuses sociétés, le changement ou l'inversion des rôles du genre est inacceptable parce que cela porte atteinte à l'idéal, voire la primauté du genre masculin. Dans ce contexte, une relation égalitaire[71] qui déconstruit l'identité et remet en cause les attentes sociales du genre masculin constituerait une menace à la hiérarchie des sexes.

Si l'on peut considérer que le sexe biologique est une donnée naturelle, c'est-à-dire quelque chose d'inné, cela n'est pas le cas avec le genre qui est une construction sociale du rôle et du comportement normés des individus en fonction de leurs sexes biologiques. Ces normes représentent "toute situation ou tout comportement attendu par un groupe social" (Xiberras 97). Les attentes sociales du genre se traduisent en une spécialisation[72] sexuelle des

[71] Une conception occidentale de l'homosexualité inspirée des idées de mouvements féministes sur l'égalité. Cette conception est discutable parce que la relation entre mêmes sexes n'implique pas forcément égalité entre partenaires dans leurs rôles.

[72] Melissa Blais et Francis Dupuis-Déri.

tâches et des rôles par rapport au sexe biologique. C'est ainsi que dans la relation homme-femme, la position de la femme est censée être celle de la soumission tandis que l'homme est supposé être celui qui domine. Outre les normes sociales du genre, les approches masculinistes postulent aussi l'idée d'un ordre établi où le mâle est le dominateur. À cet égard, Janik Bastien Charlebois soutient qu'

> au cœur des perspectives maculinistes est inscrite l'idée d'une nature ou d'une essence masculine profonde [...] Toutes interactions avec les femmes ainsi qu'avec les autres hommes en seraient empreintes, se déployant en conformité avec l'ordre établi sexuel patiemment élaboré par la « Nature » (127).

Le masculin idéal[73] constitue une marque identitaire et une source de fierté pour les hommes de sorte que sa remise en cause susciterait forcément un sentiment d'insécurité en eux. Dès lors, l'homosexualité devient une menace potentielle à l'identité et au genre masculins. La représentation d'une figure menaçante du gay est perceptible à travers le travestissement et la relative tolérance à l'égard de la lesbienne.

Tout d'abord, l'inversion de rôles perceptible dans une relation homosexuelle crée la confusion et l'amalgame des genres ; une situation que les hommes voudraient à tout prix éviter parce que cela entraînerait une remise en cause des attributs ou prérogatives qui font leur autorité. Le gay dans une relation homosexuelle est perçu comme jouant un rôle passif, ce qui est celui de la femme, contrairement au rôle actif qu'il devrait assumer. C'est une situation qui

---

[73] Hegemonic masculinity selon Connell et Messerschmidt op cit.

est, selon Foucault[74], vue par les hommes hétérosexuels comme une sorte de trahison et un renoncement à la masculinité par les homosexuels. C'est l'une des raisons qui expliquent l'homophobie parmi les hommes hétérosexuels.

En outre, le sentiment de menace à la masculinité provient de l'inversion de rôles sociaux présents dans le travestissement. La fonction de ce dernier est socialement encadrée, à savoir se limitant, par exemple, à des rituels ou cérémonies pour dénoncer les maux de la société. Le travestissement rencontré dans la communauté homosexuelle, ne s'inscrivant pas le contexte social admis, se présente un autre facteur de confusion entre les genres. Par ailleurs, il convient de reconnaître que “le travestissement a toujours été partie constitutive de la scène gay, depuis le temps des bals berlinois des années vingt jusqu'aux défilés flamboyants de la lesbian and Gay Pride (Tamagne 249)”. L'inversion de rôles perçue par les hétérosexuels dans l'univers homosexuel, à travers les travestis et les transgenres, jette un trouble inquiétant dans la définition du genre masculin. Sur le plan de l'apparence physique et des rôles sociaux, la ligne de démarcation entre la masculinité et la “féminité” est souvent très mince, voire confuse. L'exemple des membres de l'ATCI dans *Woubi Chéri* atteste non seulement de la confusion des genres, mais aussi la menace que constitue cette inversion. Les expériences personnelles de Barbara et de Laurent dans la gestion de leur orientation sexuelle dès leur très jeune âge fournissent des éléments démontrant le rejet par la société d'une confusion des genres. Barbara, un homme travesti en femme, raconte comment elle a été stigmatisée, et souvent rejetée par les coiffeuses parce qu'elle se sent femme et veut vivre sa féminité. Elle se

[74] *Histoire de la sexualité: l'usage des plaisirs.*

reconnaît comme travesti mais n'envisage pas de devenir transsexuelle. Est-ce là un choix personnel ou dicté par le milieu social ? Dans un cas comme dans l'autre, Barbara fait face à un problème identitaire. Mais, la décision de cette dernière de rester travesti semble renforcer l'idée selon laquelle le genre est une construction parce que Barbara peut être une femme sans changer de sexe biologique. Le cas de Laurent offre une autre perspective, à savoir l'acceptation par les homosexuels que certaines catégories de métiers relèvent du genre masculin. Quand Laurent a décidé d'arrêter ses études, son père lui proposait d'apprendre la mécanique auto. “Un métier homme et sale” selon Laurent qui préfère plutôt la coiffure que son père considère comme un métier de femme. Son actuelle profession de pâtissier semble donc être un compromis entre la décision de sa famille d'accepter son homosexualité contre l'engagement de celui-ci à ne pas révéler son orientation sexuelle au-delà du cercle familial. Les exemples de Barbara et de Laurent illustrent bien le rejet par la société de tout travestissement et inversion de rôles sexuels parce qu'une telle situation remettrait directement en cause les fondements identitaires du genre.

Ensuite, la figure du gay et celle de la lesbienne ne représentent pas la même menace aux yeux de la communauté. Dans l'imaginaire de celle-ci, la sexualité masculine est relativement “agressive” parce que la masculinité se mesure souvent à l'aune de la virilité et du nombre de partenaires sexuels que l'homme possède. Quant à la sexualité féminine, elle est considérée comme passive et représente moins de menace du fait de la position sociale de la femme, de l'éducation sexuelle de la petite fille et de l'excision[75]. Tout se présente comme si

[75] Au-delà du but initiatique, certaines opinions voient en l'excision un moyen de contrôle de la sexualité féminine.

c'est une évidence que le sexe masculin ait vocation à dominer et le sexe féminin[76] à subir tout le temps. C'est pourquoi, la figure de l'homosexuel, dans l'histoire des représentations de l'homosexualité selon Tamagne, est menaçante en ce qu'elle "touche aux fondements de l'ordre social par la déconstruction de l'identité masculine, l'angoisse de l'analité et la remise en cause des hiérarchies de pouvoir" (254). Par contre, l'image de la lesbienne est "plus facilement tolérée, car réduite à un érotisme masturbatoire, la sexualité féminine n'était interprétée qu'en termes de soumission et de passivité" (254). Le personnage d'Angélique dans *Karmen Geï* constitue l'exemple parfait de cette image de la sexualité "inoffensive" de la lesbienne qui est repliée sur elle-même. Après ses tentatives infructueuses de revoir Karmen et ensuite de lui trouver une remplaçante, Angélique s'adonne à la masturbation dans une scène où celle-ci s'imagine en compagnie de Karmen. Cependant, nous pensons qu'il faudrait relativiser non seulement cette image d'une sexualité féminine passive, mais aussi la réduction de la sexualité lesbienne à un certain érotisme masturbatoire.

Puisque la masturbation est aussi pratiquée par les hétérosexuels, on ne pourrait la présenter comme un critère définissant l'homosexualité féminine. Ensuite, il existe une ambiguïté autour du terme "sexualité passive" parce que l'interrogation demeure quant à savoir si la passivité est liée au fait que la masturbation est un acte dont l'accomplissement ne nécessite généralement pas la participation d'un partenaire. Dans les deux cas d'hypothèses, le lien n'est pas clairement établi entre passivité et masturbation dans le cas de la sexualité de la

[76] Simone de Beauvoir parle de "sexe faible" par opposition au "sexe fort".

lesbienne. En outre, la sexualité féminine n'est pas passive ou soumise parce qu'elle peut être utilisée par la femme comme un moyen d'ascension sociale ou de réalisation de ses ambitions. Dans ce cas, cette sexualité ne pourrait être qualifiée de passive mais plutôt active, voire même destructrice dans certaines situations. Par exemple, le personnage de Karmen dans le film utilise ses charmes pour différents objectifs : sa libération de la prison Kumba Castel grâce à sa relation avec Angélique, et ensuite son défi à l'autorité en impliquant l'agent de police Lamine Diop dans ses activités de contrebande. Par ses charmes, Karmen n'est pas seulement parvenue à ses objectifs, mais aussi elle a fait des victimes avec le suicide d'Angélique par cause de désespoir, et la destruction du foyer et de la carrière prometteuse de Lamine. Ces exemples montrent clairement les limites de la caractérisation de la sexualité féminine comme passive ; une passivité qui est présentée comme l'une des raisons motivant la tolérance à l'égard de la lesbienne par opposition au gay.

Par ailleurs, l'argument souvent avancé pour justifier une relative tolérance à l'égard des lesbiennes africaines est réfutable. Cet argument est basé sur l'hypothèse selon laquelle il existerait très peu de preuves dans l'histoire pour prouver la présence de lesbiennes dans les sociétés africaines. Et pour démontrer le contraire, certains chercheurs[77] n'hésitent pas faire des conjectures à propos de la sexualité de la femme en l'absence de leurs hommes partis en guerre. D'abord, le manque de preuves ne conclut pas forcement à l'inexistence historique de l'homosexualité féminine parce qu'elle a peut-être existé sous une pratique différente que celle qui sert aujourd'hui de référence. Ensuite, les suppositions que les femmes

---

[77] *African Masculinities: Men in Africa from the Late Nineteenth Century to the Present.*

devaient avoir des relations sexuelles entre elles en l'absence des hommes ne sont pas non plus un argument tenable à l'épreuve de la réalité sociale dans les pays ouest africains. Avec l'immigration par exemple, des Burkinabé en Côte d'Ivoire ou des Maliens en France, les épouses restent souvent séparées de leurs maris pendant de longues années, mais il n'existe pas de preuves de la pratique homosexuelle par ces femmes, et même s'il est vrai qu'il sera difficile de fournir des preuves si c'est le cas. L'exemple de Fanta, la mère de Manga dans *Dakan*, illustre parfaitement cette situation car elle continue d'attendre son mari parti à Paris depuis une quinzaine d'années. Mais dans ce film, c'est Manga qui est plutôt présenté comme gay, et non sa mère. Ainsi, nous pouvons affirmer que l'absence d'un parent biologique ou d'un conjoint ne constitue pas en soi un facteur déterminant de l'orientation sexuelle d'un individu. Les résultats de futures recherches sur la pratique de l'homosexualité dans les sociétés ouest africaines pourront peut-être apporter certains éclaircissements sur la sexualité féminine. Parallèlement, on constate aussi un développement de la notion de masculinité dans les sociétés ouest africaines où le pouvoir financier devient une composante importante dans la définition de la masculinité des jeunes.

Les attentes sociales du rôle et du comportement de l'homme diffèrent selon les sociétés en fonction de critères tels que le statut socio-économique ou l'âge. Lorsqu'un le jeune homme en Afrique de l'Ouest courtise une jeune fille, c'est lui qui est censé prendre en charge les dépenses de la celle-ci. La masculinité ne se mesure pas uniquement par l'exaltation de la virilité et une sexualité souvent incontrôlée, mais aussi à travers le pouvoir financier. Ce dernier, selon Biaya, a fortement changé la façon dont les jeunes conçoivent la masculinité dans les grandes villes ouest africaines comme Dakar. La masculinité n'est plus innée mais quelque chose qui s'acquiert et se perd en fonction du pouvoir financier. Ainsi, "la masculinité se dessine à partir de l'avoir et du pouvoir dépenser. [...] Cette dernière n'est plus innée. Elle est conférée et, de ce point de vue, forcément limitée par l'autre" (Biaya 81). Par exemple, *le fauteuil*[78] illustre parfaitement cette nouvelle appréhension de la masculinité à travers le personnage de Jean qui a le sentiment que son autorité d'homme est menacée par sa femme qui est nouvellement promue directrice générale d'une société d'Etat. Le cas du personnage de Dominique, le mari de Mina, dans *une femme pas comme les autres*[79] montre également comment le pouvoir financier de la femme influence énormément la perception par les hommes de leur masculinité. Cette nouvelle donne déstabilise les jeunes dans ce qu'ils avaient jusque-là considéré comme faisant partie intégrale de leur marque identitaire. Ce sentiment de vulnérabilité est, selon Biaya, renforcé par la crise économique où les jeunes sont contraints à des schémas inhabituels de cohabitations à travers les ménages[80] à trois ou à quatre. Nous assistons donc à une nouvelle vision de la masculinité définissable ou accessible par le pouvoir d'achat.

Cette analyse montre donc que le rejet de l'homosexualité est étroitement lié aux attentes sociales pour chaque sexe. Tout comportement ou pratique qui ne respecte pas ces prescriptions constitue une menace à la

---

[78] Film de Missa Hebié réalisé en 2009.

[79] Film d'Abdoulaye Dao réalisé en 2008.

[80] Nouvelles formes de polyandrie urbaine: ménage à trois (la fille, le boyfriend et le sugar daddy), et ménage à quatre (la fille, le chic, le choc et le chèque).

hiérarchie des sexes qui confère le pouvoir aux hommes. Janik Bastien Charlebois soutient que

> les hommes homosexuels dérangent parce qu'ils vont à l'encontre des prescriptions normatives pour les sexes. Dans plusieurs recherches, on relève des liens entre attitudes négatives envers les personnes homosexuelles et l'attachement à la conformité aux modèles sexués, [...] la primauté de l'hétérosexualité (137).

Produit d'une construction, la masculinité englobe donc les attentes sociales du sexe masculin, mais aussi reste dynamique dans sa configuration. Une évolution qui invite à une différente approche de la masculinité par l'aspect financier. Face aux stéréotypes et à la marginalisation dont ils sont l'objet, les homosexuels s'organisent par différents moyens pour s'affirmer et donner une autre image d'eux-mêmes que celle qui leur est imposée de l'extérieur.

C. Homosexualité : droit à la différence et polémique

Les stéréotypes et la marginalisation sont des réalités auxquelles les homosexuels sont confrontés quotidiennement. Des appellations péjoratives comme *goordjigen*[81] ou *sex-machine* au Sénégal pour désigner les homosexuels illustrent bien le dénigrement. Il y a "le regard de la société qui définit la catégorie de la déviance. Le regard des stigmatisés, qui intègre l'étiquette opposée par la société, mais qui développe néanmoins son propre point de vue" (Xiberras 96). La prise de parole par les homosexuels s'inscrit ici dans une stratégie d'affirmation de soi, de quête identitaire et de subversion des préjugés.

---

[81] Hommes-femmes en wolof.

Le film documentaire *Woubi Chéri* est le meilleur exemple de la prise de parole par les homosexuels dans les cinémas francophones ouest africains.

1. Revendication du droit à la différence

Dans *Woubi Chéri* et accessoirement *Dakan*, la prise de parole par les homosexuels est perceptible à travers leur regroupement en association, le développement de leur propre vocabulaire et la revendication du droit à la différence. À travers leurs efforts, les homosexuels ne visent pas seulement à projeter leur propre image, mais aussi ils comptent faire accepter dans leur différence. Pour atteindre ces objectifs, ils s'appuient sur des stratégies de communication et de résistance.

La création de l'Association des Travesties de Côte d'Ivoire (ATCI) souligne la volonté des homosexuels de présenter un front uni contre la stigmatisation et la marginalisation. Dans son fonctionnement, l'ATCI répond à deux objectifs, à savoir d'une part servir d'interface entre les homosexuels et la communauté, et d'autre part être le cadre de rencontre entre homosexuels. C'est au nom de leur association que les homosexuels étaient allés voir la ministre de la communication pour se plaindre de la diffamation dont ils ont été victimes après leur première soirée organisée à Abidjan. Cet exemple montre les efforts entrepris par les homosexuels pour contrer certains stéréotypes répandus dans la société. Sur le plan interne, l'association offre un cadre d'interaction où l'orientation sexuelle n'est pas un sujet tabou qui suscite l'hostilité des autres. C'est pourquoi Tatiana affirme : "j'aime être dans mon milieu, je préfère être dans mon milieu". C'est aussi un réseau de soutien et d'échange qui se tisse entre les membres parce que certains n'ont plus le soutien émotionnel, moral et matériel de leurs proches y compris la famille et les amis. Une sorte de micro-société se développe au sein de l'association, favorisant ainsi une affirmation de soi et une stratégie de résistance. Cette dernière est perceptible dans les soirées organisées par l'ATCI qui sont un peu comparables, en termes de fonctionnalité, à la traditionnelle *Gay Pride* en Occident. Au cours de leur soirée, les homosexuels ne se montrent pas seulement à visage découvert, mais surtout ils se servent du travestissement pour briser le tabou sur les catégorisations relatives au genre. Judith Butler "interprète le travestissement comme une stratégie de résistance et de subversion face à des stéréotypes culturels oppressifs" (Tamagne 246). Le travestissement constitue ainsi pour les homosexuels une stratégie de résistance, contrairement aux autres qui y perçoivent un amalgame de genres.

Parallèlement à la résistance, les homosexuels construisent leur propre identité face au rejet de la société. La question identitaire est comparable à celle abordée dans le film afro-américain *Black is...Black ain't : A Personal Journey Through Black Identity* [82] où son réalisateur, un homosexuel sur son lit de mort, s'interroge sur son identité. Déjà confronté à cette question identitaire en tant qu'Afro-Américain, Riggs considère que l'homosexualité accentue son cas du fait de l'idée répandue dans la communauté noire selon laquelle "Blackness is diminished when a Black is homosexual". Les homosexuels ivoiriens sont confrontés à une situation où ils doivent prouver qu'ils ne sont pas des moins qu'hommes ou de "femmes ratées". Face à cette situation, ces homosexuels décident d'opposer une résistance basée sur le langage, ce qui constitue une étape dans la définition de leur identité.

[82] Réalisé en 1995, le film est une quête du réalisateur Marlon Troy Riggs sur le sens de la vie et de son identité en tant que homosexuel afro-américain alors que sa santé se détériore.

En décidant de créer leur propre vocabulaire, les homosexuels ivoiriens comptent bien rejeter des expressions stigmatisantes qui sont chargées de connotations péjorative et dégradante. L'appropriation du vocabulaire est un instrument contribuant à une projection de leur image par eux-mêmes alors que jusque-là ils étaient désignés par les autres. Cette situation rappelle quelques aspects de l'histoire du mouvement homosexuel aux États-Unis où celui-ci prit racine très tôt avant d'inspirer d'autres à travers le monde. L'emploi du terme *gay* constitue pour Tamagne une étape importante dans le mouvement de libération des homosexuels parce qu'

> alors que le vocabulaire utilisé pour désigner les homosexuels et les lesbiennes avaient été choisi par d'autres et était chargé de connotations religieuses, médicales ou criminelles, l'emploi du terme « gay », qui se répandit aux Etats-Unis après Pearl Harbor […] traduisait bien la volonté des homosexuels de se démarquer des anciens stéréotypes (198).

Dans *Woubi Chéri*, Barbara donne une liste de termes employés comme "woubi, yossi, toussou bakari ou lélé et controu" qui signifient respectivement homme jouant le rôle de la femme, bisexuel, homophobe et lesbienne. Ce vocabulaire provient du *nouchi*, un français argotique qui puise dans plusieurs langues pour former son lexique. Les termes woubi et yossi ressemblent à ceux de "oubi (insertees)" et de "yauss (insertors)" en wolof, décrits par Neils Teunis[83], pour désigner les homosexuels au Sénégal. Si ce vocabulaire rentre dans la formation d'une identité homosexuelle en Afrique de l'Ouest, il n'en demeure pas

---

[83] "Homosexuality in Dakar: Is the Bed the Heart of a Sexual Subculture?"

moins qu'il constitue également un instrument de subversion et de déconstruction comme le travestissement. Nous pouvons affirmer que l'emploi par les homosexuels des termes de "woubi ou oubi" et de "yossi ou yauss" pour s'identifier participe de la même logique qui avait motivé la substitution de *queer* aux expressions gay et lesbienne aux États-Unis dans les années 80. "En choisissant une insulte pour se designer – *queer* signifie pédé, mais aussi étrange, bizarre, spécial, malade -, les homosexuel(le)s entendaient remettre en cause les catégories de la normalité, porter le doute dans les lieux communs du langage" (Tamagne 236). Par le langage et le travestissement, les homosexuels construisent leur identité et peut-être une "sous-culture". Mais, l'objectif ultime pour eux est d'être acceptés dans leur différence.

Le film *Woubi Chéri* permet de réellement découvrir les homosexuels de l'intérieur, c'est-à-dire par leur prise de la parole pour se (re)présenter. Jouant le jeu de la transparence, les homosexuels se sont longuement exprimés sur des sujets relatifs à leur stigmatisation et leur lutte quotidienne pour se faire accepter. Mais, nous notons l'existence d'un tabou voire un malaise parmi les homosexuels à évoquer à l'écran la question du Sida. Le spectateur constate dans le film que les woubi et les yossi pratiquent la prostitution, mais seule Bibiche en parle ouvertement de ce métier qui lui rapporte de l'argent. Ne pas évoquer le cas du Sida obéit-il, de la part des homosexuels, à une stratégie de communication qui consiste à ne pas renforcer la perception que les homosexuels sont presque tous malades du Sida ? Si cela constitue une stratégie de communication, elle présente de sérieuses limites parce que ne pas l'aborder ne fait qu'accroître la suspicion des autres. Un autre fait remarquable dans le documentaire est l'absence des familles des homosexuels, une situation qui traduit l'isolement de ces derniers. Aucun membre de leurs familles ne s'est exprimé à l'écran sur leur orientation sexuelle. Le fait que les familles se mettent en retrait est révélateur du malaise entourant la question de l'homosexualité dans l'espace public. Ainsi, le tabou de l'homosexualité réside plus dans le silence, l'absence et les non-dits que dans ce qui est souvent montré à l'écran.

La mise en place de l'ATCI a permis aux homosexuels abidjanais de se donner une certaine visibilité dans un cadre débarrassé du carcan oppressif de la société. Ils organisent des rencontres de sensibilisation avec la population et des soirées dansantes en l'absence de boîtes de nuit[84] pour gay. L'emploi de leur propre vocabulaire contribue aussi à leur construction identitaire. Si l'homosexualité est un tabou, il convient s'interroger sur les objectifs des cinéastes en brisant le tabou.

2. Cinéastes africains et traitement de l'homosexualité

La pertinence du traitement de l'homosexualité dans les cinémas africains ne fait pas l'unanimité entre cinéastes, chercheurs et critiques. De même, les interprétations des scènes homosexuelles varient énormément ainsi que les motivations des cinéastes à réaliser ces films.

Tout d'abord, des voix se sont élevées en Afrique de l'Ouest contre le traitement de l'homosexualité au cinéma. Clément Tapsoba[85], le critique burkinabé de cinéma, considère qu'il n'est pas opportun de traiter de l'homosexualité les cinémas africains. Cette critique de

---

[84] Tamagne considère les bars et les saunas comme des lieux symboliques gay dans le cinéma occidental.

[85] Tapsoba, Clément, "*Dakan*: Un discours inachevé sur l'homosexualité / An unfinished discourse on homosexuality". *Ecrans d'Afrique* 20, avril 1997.

Tapsoba contre le film *Dakan* laisse penser qu'il existerait une liste de thématiques prioritaires pour les cinémas africains dont l'homosexualité n'en fait pas partie. Malheureusement, Tapsoba ne va pas au bout de sa logique pour nous donner un aperçu ou une liste de ces thématiques. La position de Tapsoba ressemble fortement à la polémique qu'a suscitée la publication de *L'Enfant noir*[86] lorsque certains avaient vite condamné son auteur au motif que le temps appelait à un engagement de l'écrivain africain au lieu de raconter une enfance idyllique. Nous pensons que le principe de la limitation du cinéaste africain à un certain champ thématique n'est pas acceptable parce qu'il devrait être ouvert sur le monde tout en puisant dans les réalités sociales et la richesse culturelle du continent.

Face à la polémique soulevée à la sortie de son film, Mohamed Camara invoque, en sa défense, la liberté de création reconnue à l'artiste. Camara conçoit le cinéaste comme un individu qui partage sa vision des choses avec les autres car affirme-t-il : "I am a filmmaker. My purpose is to show, or to share the emotions I have with another person and my feelings regarding the society in which I evolve" (Ellerson 64). Si l'on admet l'existence d'une diversité d'opinions dans la société, alors il faudrait reconnaître à chacun la liberté de s'exprimer. En outre, le tabou qui entoure généralement la question de la sexualité et particulièrement l'homosexualité ne doit pas être en soi un obstacle à une ouverture du débat sur cette thématique. C'est de la confrontation des idées qu'émerge une société forte capable d'affronter ses faiblesses et démons.

[86] Roman de Camara Laye publié en 1954.

La dénonciation des maux de la société est la grille de lecture choisie par Joann Grabski [87] pour analyser la bisexualité du personnage de Karmen dans le film Joseph Ramaka Geï. Grabski fait une lecture postcolonialiste de *Karmen Geï* selon laquelle Karmen utilise sa bisexualité comme une expression de liberté parce qu'elle va au-delà du "gender construct", à savoir le dépassement des attentes sociales du genre féminin. Ensuite, la sexualité de Karmen constitue non seulement un moyen pour défier les institutions d'oppression que représentent la prison et le commissariat dans le film, mais aussi pour dénoncer la corruption dans la société sénégalaise.

Ainsi, les exemples ci-dessus démontrent la divergence entre les critiques, les cinéastes et les chercheurs sur leur appréciation du traitement de l'homosexualité dans les cinémas francophones ouest africains. Trois points retiennent notre attention dans ce traitement filmique de l'homosexualité. Premièrement, nous pouvons voir dans ces productions la prise de la parole par les "oubliés"[88] comme une thématique qui intéresse fortement les cinéastes au cours des quinze dernières années. Ces films sur les "oubliés" offrent un reflet de la société africaine dans sa grande diversité. Dans ce contexte, le cinéma sert de miroir qui renvoie à la société sa propre image. Cette dernière doit être prise avec précaution parce que l'image que renvoie le miroir peut être trop parfaite ou déformée.

Deuxièmement, les groupes marginalisés veulent que leur différence ne soit pas en soi un motif de rejet. Leur participation à la vie de la communauté comme citoyens à part entière requiert la tolérance de la part des autres. C'est

---

[87] Teacher of African Visual Culture at Denison University. Elle fait un commentaire du film dans une interview.

[88] Frieda Ekotto évoque le cas des homosexuels et des femmes.

pourquoi, les cinéastes utilisent différents procédés pour véhiculer leur message sur la tolérance. Dans *Dakan (destinée)*, Camara invite le spectateur à reconnaître l'universalité de l'amour, et cela que ce soit entre hétérosexuels ou homosexuels. C'est le destin de chaque individu d'aimer et d'être aimé, d'où le titre du film. Par contre, Philip Brooks et Laurent Bacahut ont mis l'accent sur la prise de la parole à travers le genre documentaire, un moyen pour les homosexuels de parlent d'eux-mêmes par leurs propres mots.

Enfin, sur le plan commercial, nous devons nous interroger sur le public cible d'un cinéma homosexuel en Afrique. Des péripéties[89] de la production de *Dakan* racontées par son réalisateur aux menaces des membres de la confrérie Mouride contre la projection de *Karmen Geï* à Dakar, les défis restent énormes et montrent que le cinéma homosexuel n'est pas très bien reçu en Afrique. La plupart des films africains sur l'homosexualité trouvent son public en Occident où ils sont distribués et font aussi l'objet de recherches. Ces films sont donc réalisés pour un public africain qui les rejette. Alors, pourquoi continuer dans de telles productions si l'on n'est pas fou?

II. Le fou

Le choix des quatre films burkinabé *Sia*, *Tasuma*, *Delwendé* et *La nuit de la vérité* pour l'analyse de la représentation du fou est motivé par l'espace géographique et historique du champ de notre investigation. À première vue, c'est peut-être une pure coïncidence que ces films viennent du même pays.

[89] Camara dit avoir visité plus 50 lycées en Guinée sans trouver de jeune pour jouer le rôle de Manga. A la fin, c'est son jeune frère qui a accepté le rôle parce que constatant que Camara n'allait trouver personne.

Cependant, un rapide examen des caractéristiques de “l’école du Burkina après 1980” proposé par Brahimi montre que ce choix n’est pas une coïncidence, avec l’exclusion et le village qui sont les thématiques dominantes de cette cinématographie. Personnage atypique dans les films, le fou est reconnaissable par des signes extérieurs comme l’accoutrement, l’hyper-agitation et d’appareils électroniques dont il ne se sépare presque jamais. Si le fou attire la curiosité de l’étranger de passage dans la communauté, il représente également une source de divertissement pour les enfants à l’image du clown. Son opinion est ignorée s’il venait à s’exprimer sur des problèmes sérieux auxquels est confrontée la communauté. Mais au-delà les sentiments d’étrangeté et de bouffonnerie que peuvent inspirer le fou au public, c’est un personnage qui a une certaine profondeur dans sa construction et sa représentation filmiques. Pour mieux appréhender ces dernières, un examen des signes extérieurs conduira à celui de la perception et de la symbolique du fou à travers les concepts de fonction-miroir, fonction-tabou, d’ambivalence de la marginalité et de la dénonciation.

A. Signes extérieurs de la folie et construction filmique du personnage

Dans l’imaginaire de certaines sociétés ouest africaines, la cause de la folie très souvent est perçue comme étant d’ordre surnaturel. C’est une sanction des ancêtres pour le non-respect des traditions, le résultat d’une mauvaise rencontre avec des génies ou le sort jeté par un sorcier. Le fou est reconnaissable par ses haillons sales, des cheveux broussailleux et traînant des objets hétéroclites partout où il se promène. Mais dans les films, ce sont le traumatisme et l’oppression qui sont présentés comme les causes de la folie. Ainsi, les signes extérieurs reconnaissables du fou dépassent largement ceux traditionnellement représentés dans l'imaginaire populaire ou dans la littérature. Le refus de s'aligner sur la position du groupe peut être aussi la raison de traiter un individu de fou.

1. Causes de la folie

Dans *Tasuma*, la cause de la folie de Doba est présentée dans une scène à travers les interrogations des enfants sur ce qui a pu "faire perdre la tête à Doba". C'est une approche presque "voyeur" que le réalisateur utilise pour faire entrer le spectateur dans une conversation intime entre enfants, loin du regard des adultes. La scène se passe au milieu de rochers où quatre enfants, en plan moyen, se tiennent debout autour de Doba qui s'assoupissait sur un rocher. Le réveil brusque de Doba et sa fausse alerte à la bombe vont interrompre les conjectures des enfants sur les causes probables de sa folie. Un enfant considère la violation de la tradition comme la cause de la folie, alors qu'un autre privilégie le sort jeté par un sorcier parce que Doba aurait flirté avec la femme de celui-ci. Cette indécision sur l'origine de la folie de Doba éclaire davantage sur l'ambivalence du personnage du fou que Kerfa relève dans une conversation avec Sia lorsque celle-ci, effrayée par son avenir incertain parce qu'elle doit être sacrifiée au dieu python, s'inquiète aussi du sort de Kerfa qui la cache dans sa maisonnette. Dans cette conversation avec Sia, Kerfa note que le fou est dans toutes les histoires mais celui-ci n'a jamais d'histoire. Cette remarque confirme la marginalité du fou et porte un regard critique sur la représentation basée sur des clichés car le fou a rarement un nom ou un âge comme le souligne Kerfa.

Dans *Sia, le rêve du python*, aucune mention n'est faite des causes de la folie de Kerfa qui est présenté comme le seul à pouvoir s'exprimer ouvertement contre l'oppression à Koumbi. Kerfa est perçu et traité de fou dans ses actions quotidiennes par les habitants de Koumbi et la cour du roi Kaya Maghan. Par contre, le refus de Sia de se soumettre au mensonge d'Etat faisant croire que Mamadi a tué le dieu python entraîne son bannissement, et sa perception comme folle par le village. Sur la base de leur genre, les deux personnages de Kerfa et de Sia sont perçus et traités différemment dans le même contexte social. C'est une différence de traitement entre la folie de l'homme qui est socialement acceptée, et celle de la femme qui n'est pas tolérée. À cet égard, Éloise Brezault[90] souligne qu'

> il y a folie et folie. Celle de la femme semble naturelle et incurable, cela apparaît périodiquement quand elle parle en son nom propre ou prend ses responsabilités. Celle de l'homme arrive à un moment précis de sa vie, est exceptionnelle et on pourrait lui trouver des excuses ou mieux, montrer qu'elle a quelque chose de « divin ». (57)

La folie n'a certainement pas de genre, mais sa représentation est une construction fortement tributaire du discours dominant qui la façonne en fonction de l'enjeu et du contexte social.

La perception ou la réalité de l'origine de la folie contribue non seulement à la narration du film, mais aussi à influencer le comportement des autres envers le fou. Les exemples des personnages de Tomoto et de Pays, respectivement dans les films *Nuit de la vérité*, *Camp de Thiaroye*, montrent l'importance d'une analyse de ces films à partir de l'origine de la folie des personnages pour mieux cerner certains aspects narratologiques, esthétiques et culturels.

---

[90] *Afrique. Paroles d'écrivaines*

Le personnage de Pays dans *Camp de Thiaroye* constitue, avec celui de Tomoto, une référence dans l'analyse comparative des liens entre la folie et la violence. Les causes du dérèglement mental de Pays sont liées aux séquelles laissées lors de son séjour au camp de concentration Buchenwald. Tomoto est représenté comme l'idiot du village, dont le comportement n'est pas celui attendu d'un individu de sa classe d'âge. Les deux personnages évoluent dans un contexte d'état de siège, dans *Camp de Thiaroye,* avec les tirailleurs réunis dans un camp de démobilisation hors de Dakar, et l'armée loyaliste et les rebelles réunis dans le camp du colonel Theo dans *la nuit de la vérité*. La tension est palpable dans les deux films, et l'attente est très longue pour les protagonistes avec toujours le risque que les souvenirs du passé triomphent des esprits même les plus conciliants. La méfiance qu'incarne Pays tout le long du film, sûrement en souvenir à son expérience à Buchenwald, constitue la trame narrative du film où le spectateur devient progressivement dubitatif face aux promesses des autorités françaises. Contrairement à Tomoto, Pays est sourd-muet mais ce handicap représente le signe d'une certaine sagesse ou élévation reconnaissable aux héros et personnages divins dans certains contes initiatiques en Afrique de l'Ouest. Le handicap ou la cécité est perçue comme étant le signe du détachement de l'individu de la réalité matérielle pour le "monde de la vérité". C'est justement Pays qui a eu raison, pourrait dire le spectateur à la fin du film, grâce à sa faculté d'aller au-delà du visible pour identifier la vérité, c'est-à-dire les intentions cachées. Ainsi, pour le traitement de ce sujet historique qui connaît un dénouement tragique, Sembène choisit le personnage du fou pour incarner la lucidité et le sens de l'anticipation. Fanta Regina Nacro présente une différente approche avec le personnage de Tomoto dont le comportement ridicule apporte un certain accent comique à un film sur les guerres ethniques en Afrique. La violence représentée est très choquante parce que “le sang vous remonte à la gorge et vous étouffe” comme le décrit le chef rebelle Theo. L’approche de Nacro sur la représentation du fou sera amplement développée plus tard dans le travail. Outre les films sur les expériences de guerre, le personnage du fou est présent dans des productions sur l’exclusion sociale.

A l’inverse de *Sia*, de *Camp de Thiaroye* et de la *Nuit de la vérité* qui traitent de sujets politiques, Pierre Yaméogo aborde le thème social de la sorcellerie dans *Delwendé*. Elie, le personnage du fou, est marginalisé à cause de son refus de cautionner certaines décisions du village. Les causes de la marginalisation d’Élie éclairent sur l’autorité invisible qui dicte les valeurs et normes de la vie communautaire au village, et le dilemme de l’expression individuelle face à la primauté du groupe. La scène du début du film où Elie est refoulé de la cour d’une famille endeuillée par le décès de leur enfant est très révélatrice des raisons de sa marginalisation. En effet, un plan-séquence montre des villageois, visages fermés, dépassant des femmes et des enfants adossés au mur et vont dans la même direction en faufilant entre les cases. Cette atmosphère un peu pesante est rompue par le son d’une émission radiophonique hors-champ qui se fait de plus en plus forte lorsqu’Elie traverse le champ avec la radio sur l’épaule droit et collée à l’oreille. Un plan d’ensemble campe le reste du décor avec au fond du champ des femmes assises devant une porte ouverte où l’on peut apercevoir ce qui ressemble fortement au corps d’un enfant dans un linceul prêt pour l’inhumation. À son arrivée dans la famille endeuillée, Elie est refoulé par ces mots de Diarrha : “Eh, toi, Elie. Ferme ta radio et fous le camp, tu m’entends ?” Les autres hommes approuvent du regard cette réprimande adressée à Elie qui se retire. Pour sa première tentative dans le film de socialiser et de compatir à la souffrance de la communauté, Elie est renvoyé sans raison apparente. Mais, en examinant la séquence décrite ci-dessus par rapport à l'ensemble du film, nous réalisons que les villageois rejettent Elie pour son esprit critique par rapport à l'interprétation des événements malheureux qui touchent la communauté. L'accès à l'information juste est présenté comme le meilleur moyen pour d'une part contrecarrer les effets de certaines pratiques traditionnelles comme le port du *Siongho*[91], et d'autre part déconstruire des représentations sociales de marginaux comme celles du fou et de la sorcière qui sont fondées sur des stéréotypes. Pour cela, le réalisateur construit un personnage du fou qui, contrairement au reste des villageois, s'informe par la radio de l'actualité nationale et internationale, et qui refuse de voir la responsabilité d'un individu dans l'épidémie de méningite qui tue les enfants.

Le choix du personnage du fou dans *Delwendé* par Yaméogo pour incarner la remise en cause, par l'information vraie, des fausses accusations de sorcellerie ne tient pas beaucoup du fait que le fou et la sorcière partagent cette condition de marginal, mais plutôt de la position d'énonciation du fou dans la société. Dans ce contexte, le fou joue le rôle de médiateur entre la communauté et l'autorité que représente l'information à travers la radio. Cette position assure au fou une certaine immunité contre une exclusion et une certaine impartialité car ne défendant pas d'intérêt particulier. C'est aussi paradoxalement pour son indépendance d'esprit et son approche critique qu'Elie a été mis à l'écart par les vieux du village. Ces derniers, par leur rejet d'Elie, tiennent à

[91] Le siongho est une pratique qui consiste à porter un fétiche pour retrouver la prétendue sorcière.

montrer que l'autorité morale qu'ils représentent n'admettra pas une expression individuelle susceptible de porter atteinte à la cohésion de la communauté, surtout en période de crise. Elie représente cet élément qui échappe au contrôle normatif exercé par l'autorité morale du village. C'est ainsi qu'il est perçu comme une menace potentielle à la cohésion du groupe. Cependant, même si la communauté, surtout les hommes du village rejettent Elie, celui ne revendique pas, contrairement aux homosexuels, une identité ou des valeurs autres que celles du groupe. Elie a montré sa volonté d'être intégrée dans la vie communautaire lorsqu'il a décidé d'aller chez la famille endeuillée comme tous les autres hommes du village.

Ainsi, les causes de la folie et les raisons de la marginalisation du fou sont des éléments qui éclairent sur la représentation filmique du fou. Ces causes incluent la prise de position contraire à celle du groupe, l'oppression et la perception d'une violation de la tradition. Le comportement du fou dans la société et son apparence physique sont aussi d'autres voies d'analyse qui informent sur des éléments cinématographiques comme la narration et l'esthétique, et les représentations sociales de la marginalité.

2. Construction du personnage du fou : espace, accoutrement et chants

Les signes extérieurs de la folie représentés dans les différents films à étudier offrent trois perspectives d'analyse qui portent sur l'espace, l'accoutrement, et les chansons. Ce sont trois paramètres qui permettent d'explorer davantage les multiples facettes du personnage du fou ainsi que la marginalité sociale dont il est l'objet. Notre analyse porte sur les films *Delwendé* et *Sia* pour ce qui est de l'espace, *La Nuit de la vérité* et *Sia* concernant l'accoutrement, et les films *Tasuma, Sia* et *La Nuit de la vérité* pour l'examen des chansons.

L'espace comme mode de la représentation ou d'expression de la marginalité montre le fou à la limite de la communauté, à savoir que le fou habite une maison de fortune qui est spatialement séparée des autres habitations du village. Cette séparation physique imposée par la communauté au fou marque une rupture, pour des raisons diverses, dans la cohabitation sociale. De la perspective de la majorité, le fou correspondrait à la définition que Yves Barel[92] donne du marginal comme "un être perçu comme se mettant « hors système » du fait d'une « inadaptation » quelconque : il est aux confins, à la périphérie, au-delà de la ligne d'horizon sociale" (36). Cette définition de Barel qui est applicable au fou a le mérite de mettre en relief le comportement de l'autorité morale du village qui feint souvent d'ignorer l'existence du fou dans la communauté. Mais au-delà de l'attitude du "sujet observateur", nous pensons aussi que l'invisibilité de la marginalité à laquelle fait allusion Barel est une position intenable concernant le cas du fou au village parce que la marginalité de ce dernier est très visible par la dimension spatiale. Les abris des personnages d'Elie dans *Delwendé* et de Kerfa dans *Sia* sont édifiants pour ce qui est de la représentation spatiale de leur marginalité. Elie est présenté presque tout le long du film assis sous un arbre au sortir du village avec sa radio pour seule compagnie. La camera montre Elie soit rechargeant de vieilles piles en les chauffant au feu ou manipulant sa radio pour avoir une bonne réception. Elie quitte rarement son arbre et ne reçoit pas de visite des

[92] Dans *La marginalité sociale*, Barel examine l'invisibilité de la marginalité européenne à travers une combinaison de facteurs comme l'objet (le marginal), la nature de l'objet, le sujet observateur et l'économie.

villageois, même pas celle des enfants qui traditionnellement aiment provoquer le fou. Comme nous pouvons le remarquer dans la description ci-dessus, la démarcation entre les deux espaces, à savoir celui du fou et du reste de la communauté traduit la frontière entre deux univers où il existe très peu de contact entre les deux. Cette existence côte à côte de ces deux espaces pourrait faire penser à la représentation de deux entités autonomes qui fonctionnent chacune selon ses propres règles internes.

Mais en réalité, l'espace du fou est celui de la solitude, de la précarité et de la vulnérabilité, contrairement à celui du reste de la communauté qui représente la sécurité, la raison et le pouvoir. C'est ainsi que l'espace du fou peut être violé par les villageois sans conséquence pour ces derniers, comme par exemple lorsque le *siongho*, dans sa quête du responsable des décès, se dirigea premièrement vers Elie qui était assis sous son arbre. Par contre, l'accès à l'espace de la communauté est interdit à Elie lorsqu'il fut refoulé alors qu'il se rendait chez une famille endeuillée. Au centre de la problématique de ces espaces qui semblent s'exclure mutuellement, il y a un rapport de force qui se joue entre la communauté et le marginal pour le pouvoir décisionnel. La communauté qui se considère le centre veut tout contrôler, y compris la périphérie alors que le marginal, pour le cas du fou, souhaite garder une certaine autonomie face à la communauté C'est ainsi que Barel fait remarquer que "le marginal est souvent vu comme quelqu'un qui ne peut pas ou ne veut pas être « compromis » par une participation au pouvoir et aux décisions, y compris celles qui le concernent" (98-99). Cette impression du marginal qui se soustrait ou ne participe pas aux instances décisionnelles de la communauté nous paraît être une autre façon pour le fou de revendiquer son propre espace et d'en être le seul maître. C'est le cas par exemple de l'une des significations que nous pouvons donner à la représentation spatiale de la marginalité de Kerfa dans *Sia*. Kerfa habite hors du village dans une maison en pierre qui se trouve sur une colline. Une vaste plaine sépare le village et la colline sur laquelle habite Kerfa. Dans un plan panoramique, le spectateur prend la pleine mesure de cette distance dans la scène où Mamadi, le fiancé de Sia, vient lui rendre visite chez Kerfa. L'éloignement physique pourrait non seulement traduire le caractère dérangeant du personnage de Kerfa pour Kaya Maghan et sa cour royale, mais aussi la revendication par Kerfa de son propre espace où il est le roi. En effet, si le roi Kaya Maghan habite un palais qui surplombe le village de Koumbi, la maison de Kerfa quant à elle est aussi en hauteur, à savoir sur une colline qui domine la plaine. Ainsi, nous remarquons que l'espace peut être une grille de lecture de la marginalité du fou, mais également d'un certain rapprochement entre personnage fou et la figure du roi. Maintenant, ce rapprochement nous autorise-t-il à conclure à l'interchangeabilité entre la figure du roi et le personnage du fou ? La réponse à cette interrogation pourrait peut-être se trouver dans l'examen continu des autres signes extérieurs du fou, comme le dérèglement mental ou l'accoutrement qui sont associés à la représentation du fou.

L'accoutrement et le dérèglement mental remarquables à travers les actes souvent qualifiés d'irréfléchis ou bizarres sont deux autres signes extérieurs reconnaissables du fou. Dans le cas du dérèglement mental, nous pouvons convenir avec Barel de la nature invisible de l'objet à savoir qu'on ne peut pas voir le dérèglement mental lui-même sinon que de le designer à travers ses manifestations externes. Tout d'abord, nous pensons qu'il est judicieux et nécessaire de réexaminer, au-delà de sa nature visible ou invisible, le dérèglement mental comme signe de la folie.

Considéré comme un déréglé mental, le fou est censé manquer de logique dans son raisonnement, et ses propos seraient vides de sens. Mais des exemples montrent que le dérèglement mental comme signe principal de la folie est une construction sociale car si le fou est réellement dépourvu de tout raisonnement, alors comment expliquerait-on le fait qu'il puisse mener une réflexion sur sa propre folie. C'est le cas de Kerfa, un fou, qui observe qu'il existe des fous dans les toutes histoires mais que le fou n'a pas d'histoire. L'observation de Kerfa est pertinente en ce qu'elle nous fait remarquer, concernant le cinéma ouest africain francophone, l'existence de personnages du fou dans certains films mais très peu de films [93] où le fou en est le personnage principal. L'ambivalence du personnage du fou pourrait justifier cette observation de Kerfa, tout comme le fait pour les gens de ne voir la folie que chez l'autre.

Contrairement au dérèglement mental, l'accoutrement est de nature visible à travers une combinaison insolite voire ridicule de vêtements et d'objets qui attirent l'attention par leur étrangeté. A première vue, c'est donc l'accoutrement ou bouffon qui fait la particularité du personnage du fou parce que "ce qui est vu, c'est l'étrangeté de l'être, non de l'être lui-même" (Barel 36). Mais, en analysant en profondeur l'étrangeté de l'accoutrement du fou, nous pouvons établir des parallèles avec le personnage du clown au théâtre, et la figure du roi. D'abord, à travers l'accoutrement, le fou et le bouffon partagent des similarités dans leur apparence. Ensuite, le clown est considéré comme le contraire de la figure royale car il oppose le ridicule au sacré et l'irrévérence à la

[93] Deux films dont *Une fenêtre ouverte* (2005) de Khadi Sylla, et *Revanche* (1973) réalisé par Safi Faye et des étudiants africains à Paris.

majesté, or nous remarquons un tel comportement de la part de Kerfa qui n'hésite pas, par la parodie, à dénoncer le manque de la liberté d'expression sous Kaya Maghan. Quant à l'accoutrement de Tomoto dans *La nuit de la vérité*, il dénote de l'état de guerre qui prévaut entre les ethnies Nayak et les Bonandé. Tomato porte un casque militaire, un pantalon treillis, un boubou et des godasses qui lui sont trop grandes. Une combinaison insolite qui attire rapidement l'attention du spectateur dans le plan d'ouverture du film où Tomoto est en route pour cueillir des chenilles. Ainsi, l'accoutrement rend le personnage du "fou bouffon" à savoir amusant, mais aussi porte une signification profonde qui s'intègre dans le contexte global du film. Les chants sont également un élément important qui fait partie de la construction du personnage du fou dans les trois films soumis à notre étude. Les chants, comme l'accoutrement, sont des signes dont l'analyse permet de cerner des aspects de la marginalité sociale à partir de différents angles.

A première vue, on pourrait se demander l'intérêt d'une analyse de chants de fou dans un film car de toute façon un film est toujours accompagné de nos jours d'une certaine forme de musique. Mais dans le cas des chants que nous analyserons, il ressort qu'ils font partie de la construction du personnage du fou, et de la structure narrative du film. Alors, cela soulève des interrogations, à savoir s'il s'agit d'une nouvelle cinématographie dans la représentation de la marginalité, d'une technique de narration ou d'un autre moyen d'expression de la culture locale.

De la berceuse aux chants des travailleurs dans les champs en passant par les chants lors des funérailles, le chant est présent dans presque tous les aspects de la vie sociale des Ouest Africains. Le chant peut être l'œuvre d'un groupe devant une audience ou d'un individu comme cela est le cas du fou dans les films *Tasuma*, *Sia* et *La Nuit de la vérité*. Le chant peut être analysé comme un moyen d'expression collective, un moyen pour mieux décrypter un personnage, et enfin un outil diégétique contribuant à la narration filmique. Les deux plans d'ouverture de *Sia* présentent des portraits contrastés du roi Kaya Maghan et de Kerfa dans leur rapport avec le peuple. D'abord, Kaya Maghan est montré, dans un plan moyen, sur son trône entouré de son conseil dans une atmosphère qui est empreinte de solennité. Ensuite, dans le plan suivant, la camera montre dans un angle opposé Kerfa qui s'adresse à des femmes qui faisaient la lessive au marigot : "je vous salue peuple de Koumbi. Je compatis à vos souffrances et misère. Koumbi est piégé". En quittant les femmes, Kerfa entonne un chant qui constituera le refrain tout le long du film : "Misère, Misère ! Qui sème la misère ne récolte que la misère". Dans la description de ces deux plans du film, nous constatons que le roi est présenté comme déconnecté du peuple alors que Kerfa est considéré comme proche de celui-ci; ce qui légitime le discours et le chant de Kerfa comme l'expression collective d'un peuple qui vit dans l'oppression. Le chant de Kerfa n'est plus alors pris comme l'expression singulière d'une marginalité, mais plutôt traduit un désarroi collectif. Dans ce contexte, le chant, selon Barlet, "exprime la parole collective du peuple qui devient un personnage essentiel du film, inscrivant d'emblée l'anecdote dans le collectif "(204)[94]. Dans *Sia*, Kerfa est ce personnage qui incarne les aspirations du peuple et constitue le porte-parole de celui-ci tout le long du film.

En plus du chant, d'autres formes d'expression collective comme l'autobiographie existent comme moyens de dénonciation de l'oppression. Mais le choix du

---

[94] *Les cinémas d'Afrique noire : Le regard en question.*

chant semble s'expliquer par la fonction de refoulement qu'il peut jouer dans un contexte d'adversité, et la nature populaire et subversive du chant qui permet également de contourner la censure pour atteindre un plus grand nombre de personnes. De même, le choix du fou pour porter ces chants comme expression collective comporte une symbolique que nous aborderons plus tard dans notre étude.

Sur le plan individuel, le chant révèle des pans de la personnalité du personnage, ainsi que ses motivations, contradictions ou la signification profonde de son parcours. Sheila Petty note que, par exemple, dans *Karmen Geï* "music and song are frequently used to provide an insight into Karmen's character" (104)[95]. Les chants de Karmen et ceux de ses co-détenues permettent au spectateur de mieux comprendre le personnage de Karmen qui recherche sa liberté en transgressant les règles de la société. Quant au personnage de Tomoto dans *La Nuit de la vérité*, il reprend une chanson folklorique en langue mooré qui est bien connue des Burkinabé, et qui annonce un danger imminent. Tomoto reprend uniquement "qui sont ces femmes qui vont à la fontaine ? ", un refrain au chant :

> qui sont ces femmes qui vont à la fontaine ? Ce sont les femmes de Mahamoudou. Dites à Mahamoudou qu'il y a une créature étrange au bord de la fontaine qui fait beaucoup de bruit.

[95] "The Rise of the African Musical: Postcolonial Disjunction in *Karmen Geï* and *Madame Brouette*". Dans son article, Sheila Petty montre comment les chants révèlent la bisexualité de Karmen, et aussi comment Karmen utilise sa sexualité comme un moyen contre l'oppression de la société.

À travers ce chant se lisent la méfiance et le scepticisme de Tomoto à l'égard du processus de réconciliation engagé entre les rebelles et les forces loyalistes. Tomoto ne pense pas que la paix puisse être rétablie avec les rebelles Nayaks qu'il soupçonne de fourberie. C'est alors qu'il prend refuge par précaution dans un arbre lors des festivités de la nuit de la réconciliation. Ainsi, le chant présente une autre lecture de la psychologie et du comportement du personnage. Au niveau du groupe, le chant peut représenter l'expression collective même si l'auteur du chant est un marginal comme le fou qui est un acteur social à la périphérie. Maintenant, il serait aussi judicieux d'examiner comment la chanson s'intègre dans la structure narrative du film dans son intégralité.

La musique et les chansons contribuent traditionnellement à apporter du divertissement dans un film ou des séquences de répit dans une histoire tragique. Ces moments de pause permettent non seulement au spectateur de reprendre le souffle, mais aussi servent de points de transition qui rythment la narration du film. Alors, nous pouvons soutenir que si la ponctuation contribue à imprimer le rythme dans un texte, la chanson joue aussi un rôle similaire dans la narration filmique à travers des pauses marquées dans le récit. A cet égard, Barlet déclare que "la narration filmique s'accommode bien de ces respirations chantées dans le récit, ces virgules rythmées ou se refait l'histoire, où elle se réfléchit" (206). Si les chants rythment le récit filmique, ils peuvent aussi constituer la principale trame narrative du film où le fou représente le narrateur omniscient, à savoir la focalisation zéro. Le personnage de Doba dans *Tasuma* illustre parfaitement cet exemple de narrateur omniscient en utilisant les chansons. Chaque matin avant le départ de

Sogo Sanon[96] dit Tasuma (le feu) vers Bobo, Doba entonne un chant qui annonce déjà les événements auxquels le personnage principal du film fera face lors de son voyage. En plus de l'annonce de la succession des événements à venir, les chansons marquent également le temps de l'histoire du film qui dure huit jours. L'histoire est racontée par Doba à travers les chants suivants :

> Lundi matin, Sogo, son vélo, sa musette s'en va vers Bobo pour toucher sa pension. Le vent dans le dos, le destin au loin. Puisque c'est ainsi, il reviendra demain.
>
> Mardi matin, Sogo, son vélo, sa musette s'en est reparti de sitôt le lundi. Il a bu du dolo, le chef lui a promis une femme, mais Sogo s'en fou.
>
> Mercredi : Sogo est resté au village pour assister à des funérailles.
>
> Jeudi matin, Sogo, son vélo et sa musette s'en va là-bas pour voir à la caisse. Une crevaison l'arrête. Tonton Sogo s'en fou. Puisque c'est ainsi, il reviendra demain.
>
> Vendredi matin, Sogo, son vélo, son fusil et sa musette s'en va là-bas pour voir à la caisse. La mort dans l'âme, tonton Sogo s'en fou. Son fusil en main, il est prêt à tirer.

[96] Sogo est un ancien tirailleur qui a combattu pendant dix ans dans l'armée française en Algérie et en Indochine. En attendant une réponse favorable à sa demande de pension de retraite du combattant, il se rend régulièrement à Bobo-Dioulasso pour suivre l'état d'avancement de son dossier.

> Samedi matin, Sogo, son vélo, et sa musette s'en va faire la fête tout fier de sa pension. Il a trébuché mais il n'est pas tombé. Il n'a rien gagné, mais il a trouvé le respect.
>
> Lundi matin, Sogo, son vélo et sa musette s'en va vers Bobo pour toucher sa pension. Contre les canons, il n'a jamais cédé, mais contre les hommes, Sogo est désarmé.

Indicateurs de la focalisation zéro et de la temporalité, ces chants servent aussi à rythmer les transitions dans la narration filmique. Dans ce contexte, chants et récit filmique font un tout inséparable comme le souligne Sheila Petty : "music and song are often diegetically grounded in a film's structure, or serve as suturing devices" (104). C'est une utilisation des chants ou de la musique comme un outil de narration. L'innovation de Kollo Daniel Sanou, le réalisateur de *Tasuma*, a été le choix du fou (Doba) en tant que narrateur omniscient avec une place importante accordée aux chants comme une technique narrative. Cette dernière est un exemple qui montre la richesse culturelle dont disposent les cinéastes africains pour réaliser des films dits "africains" tout en s'ouvrant au reste du monde. En d'autres termes, le local et le global ne sont pas mutuellement exclusifs dans ce contexte de globalisation où le cinéma africain doit tendre vers l'universalisme par la thématique mais en gardant son identité particulière.

Au terme de cette analyse, nous retenons que le chant du fou participe de la structure narrative dans certains films. Les chants sont des vecteurs par lesquels sont exprimées les souffrances collectives. Ils offrent aussi une perspective pour mieux lire le personnage du fou et des aspects films du film. Noël Caroll[97] souligne bien la multiplicité de fonctions que la musique peut jouer dans un film :

> there is not *one and only one* function that music can perform in relation to movies. Aaron Copeland suggested five broad functions: creating atmosphere, underlining the psychological states of characters, providing background filler, building a sense of continuity, sustaining tension and then rounding it off with a sense of closure. (216)

À côté des chants, de la dimension de l'espace et de l'accoutrement comme grilles de lecture de la représentation filmique du fou, d'autres paramètres peuvent être intégrés pour une analyse encore plus approfondie. C'est le cas de l'examen de l'utilisation systématique par le fou de moyens technologiques ou d'outils divers.

3. Fou et appropriation d'outils technologiques

Le fou est traditionnellement représenté comme ce personnage qui s'entoure d'objets hétéroclites à son lieu de séjour ou qu'il porte lors de ses déplacements. Contrairement à cette représentation traditionnelle, des cinéastes comme Kollo Sanou, Dani Kouyaté et Fanta Régina Nacro optent pour une représentation du fou avec un seul ou deux objets. Ces objets s'inscrivent, par la symbolique, dans la thématique du film, mais aussi occupent une place importante dans le récit filmique. C'est l'exemple de l'utilisation de l'appareil photo par Doba, de

[97] *Mystifying Movies*.

la vieille radio par Elie, et le port du casque militaire et de la machette par Tomoto.

Quelque chose de remarquable à propos de Doba est l'appareil photo dont il ne se sépare jamais durant tout le film. Cet appareil photo est fabriqué à partir de vieilles boîtes recyclées. Chaque matin, Doba prend des photos des départs de Sogo vers Bobo ainsi que la célébration par le village de l'achat à crédit du moulin et la réunion de crise sur l'arrestation de Sogo. L'appareil photo enregistre tous ces événements qui représentent des moments clés dans le développement de l'intrigue parce que si les départs de Sogo chaque matin marquent la chronologie des événements, c'est l'achat du moulin à crédit qui entretient le suspense du film. L'appareil photo fonctionne ici non seulement comme un outil de témoignage, mais aussi de mémoire collective pour le village. À ce niveau, un parallèle peut être établi entre les fonctions de l'appareil photo et les rôles du griot et du cinéma dans la préservation de la mémoire de la communauté. L'appareil photo et le cinéma représenteraient des types de griots[98] modernes dans leur fonction de gardien de la mémoire collective si l'on considère comme Amadou Hampâté Bâ qu'un vieillard qui meurt en Afrique est comme une bibliothèque qui brûle. Ce rapprochement, dans la symbolique, entre l'appareil photo et le cinéma africain a été reconnu par le réalisateur qui affirme vouloir soulever la problématique de la dépendance de la production cinématographique africaine à l'égard de l'Occident. Ainsi, Kollo Sanou[99] déclare que : “le fou est aussi le

[98] Alexis Tcheuyap parle du concept de caméra-griot pour montrer comment le cinéma africain subsaharien s'inspire de l'oralité pour la narration et l'esthétique.

[99] Entretien “À propos de Tasuma, le feu” entre Olivier Barlet et Daniel Kollo Sanou.

cinéaste : on ne peut pas développer la pellicule chez nous !". L'échange ci-dessous entre Sogo et Doba sur le développement de la pellicule fait indirectement référence aux réalisateurs africains qui doivent aller en France pour la phase de post-production de leurs films.

> Sogo : "Tu n'as pas encore développé tes photos ? "
> Doba : "Ces photos ne peuvent être développées qu'à Paris, en France".

Kollo souligne ici les difficultés de post-production que nombreux cinéastes africains rencontrent après le tournage ; une situation qui ne contribue certainement pas à l'indépendance du cinéma africain. Mais nous pensons que l'analyse de la situation mérite d'être nuancée au regard des exemples de co-productions [100] , du développement de la vidéo numérique, et de la double nationalité qui offre à certains cinéastes des facilités dans leur travail. Tout comme l'utilisation de l'appareil photo par Doba, nous constatons aussi le recours à d'autres appareils, à savoir la radio dans *Delwendé* avec le personnage d'Elie. Tenue sur l'épaule ou sur les genoux, la vieille radio est le compagnon inséparable d'Elie. La radio constitue le lien entre le village et le reste du monde à travers les informations sur des stations de Radiodiffusion Nationale du Burkina et de Radio France Internationale. Cette figure du marginal avec la radio est également présente dans *Un été à la Goulette*[101] où le personnage de TSF représente ce lien avec le monde

---

[100] *Bintou* (2001) de Fanta Régina Nacro a été l'œuvre d'une coproduction entre la France, le Zimbabwe et le Burkina Faso.

[101] Le film de Férid Boughedir, réalisé en 1996, raconte l'histoire de trois jeunes filles de différentes confessions religieuses (catholique, juive et musulmane) qui décident chacune de perdre sa virginité avec un garçon d'une autre religion que la sienne.

extérieur à travers les informations qu'il communique régulièrement sur l'évolution de la situation au Proche-Orient. En outre, la radio participe de la narration du film en ce qu'elle permet de mieux comprendre la psychologie et les motivations de nombreux personnages comme le Hadj Double. Si le film *Un été à la Goulette* reste vague[102] sur la véracité de l'information à la radio, cela n'est pas le cas avec *Delwendé* où la radio est présentée comme la source de l'information vraie ou de la vérité parce que c'est à travers elle que le spectateur apprend qu'il s'agit en réalité d'une épidémie de méningite qui tue les enfants du village. Ainsi, l'information juste triomphe des accusations de sorcellerie portées contre Napoko. La radio dans *Delwendé* représente l'ouverture sur l'extérieur tout comme la télévision, montrée dans le dernier plan du film *Moolaadé*, qui va contribuer à faire évoluer les mentalités sur la problématique de l'excision. Le centre, à savoir le village, a alors besoin des différents apports de la périphérie et de l'extérieur pour régler ses problèmes internes. Centre et périphérie entretiennent donc des rapports complexes où, selon Momar Desiré Kane, le marginal est représenté comme une menace et un rempart pour le centre. Le recours à la radio comme source de la vérité par l'information juste est discutable même si elle permet l'ouverture pour les villageois. En effet, la radio comme d'autres medias suivent une ligne éditoriale qui peut ne pas toujours présenter toute l'information ou même la déformer dans certains cas, comme le témoigne le rôle de "la radio milles collines" pendant le génocide rwandais en 1994. La violence est aussi souvent associée à l'image du fou à travers des objets symbolisant la guerre

[102] La situation au Proche-Orient, élément extradiégétique, est continuellement évoquée dans le film, mais aucun signe ou événement dans le film ne confirme en réalité les informations de TSF.

et le traumatisme. C'est pourquoi Denise Jodelet évoque l'image de dangerosité qui constitue comme l'une des représentations populaires du fou. Cette représentation populaire de la dangerosité du fou suscite une interrogation à savoir la précédence de la folie par rapport à la violence. En d'autres termes, est-ce que la folie implique automatiquement la violence ou vice-versa ? Le casque militaire et la machette de Tomoto, dans *La Nuit de la vérité*, sont des éléments qui traduisent l'insécurité qui prévaut entre les ethnies Nayaks et Bonandés et le traumatisme de cette guerre qui fait des victimes dont le fou. Guerre, traumatisme et folie sont des thématiques liées dans leur représentation dans *La Nuit de la vérité* ainsi que *Camp de Thiaroye*.

B. Perception et symbolique du fou

Dans de nombreux films africains, le personnage du fou est exploré de différentes manières dont la représentation du fou comme l'idiot du village, le porte-parole des opprimés et la figure d'intermédiation qui sert de lien entre les mondes visible et invisible.

1. L'idiot du village

L'étrangeté du personnage du fou lui confère aussi une prédisposition à divertir le public par son attitude, sa gestuelle et ses paroles. Le réalisateur met en exergue ce côté bouffon du fou pour des raisons thématiques et esthétiques. La comédie constitue un parfait dosage entre la personnalité du fou et des pratiques culturelles locales à travers la parenté à plaisanterie, le conte et l'humour. Nous examinerons, par des exemples, les procédés comiques qui sont utilisés en combinaison avec le fou dans les films, et la signification cinématographique d'une telle approche.

D'abord, la plaisanterie à parenté est une pratique culturelle répandue en Afrique de l'Ouest, et qui est connue sous différentes appellations comme *rakiré* chez les Mossis, *Sinankunya* au Mali ou *Kal* chez les Wolofs du Sénégal. La parenté à plaisanterie est un antagonisme ludique qui permet à certaines ethnies de se moquer des autres sans conséquences. C'est en cela que la parenté à plaisanterie est un principe régulateur de tensions entre ethnies à travers l'humour. L'utilisation simultanée de la parenté à plaisanterie et de la personnalité bouffonne du fou dans la même scène accentue le caractère comique de la situation. C'est le cas par exemple dans la dernière scène de *Tasuma* où la parenté à plaisanterie entre Bobo et Peul est représentée dans le rapport entre Doba, un Bobo fou, et le peul Diallo. Alors que le taureau préféré de Diallo venait d'être tué par l'explosion d'une grenade et que toute l'assistance était plongée dans un silence d'enterrement ; c'est la réaction de Doba qui permit de détendre l'atmosphère. En effet, Doba enjoignit Diallo de cesser ses lamentations parce qu'il "s'agit seulement d'un bœuf" et que la fête serait très belle.

Ensuite, le conte constitue une autre ressource culturelle que le cinéaste utilise pour construire la personnalité comique du fou. Ce dernier ne pratique pas seulement la parenté à plaisanterie, mais il est également conteur dans certaines situations. Le conte est très présent dans la littérature orale[103] africaine où il sert différentes fonctions comme celle initiatique dans *Kaydara* d'Amadou Hampâté Bâ, et pédagogique dans *Les Contes d'Amadou Koumba* de Biraogo Diop. Le conte populaire comme dans les histoires de "Bouki, l'hyène" remplit avant tout une fonction ludique même si celles-ci

---

[103] Elle se présente sous forme de contes, chants, épopées, proverbes, mythes, noms de guerres ou de légendes.

comportent souvent une morale. Si l'oralité est très présente dans la littérature, sa présence se limite plutôt dans le cinéma africain soit à des œuvres filmiques où la structure narrative est inspirée de l'oralité, soit à productions cinématographiques sur des légendes comme Soundjata. Mais dans certains films comme *La Nuit de la vérité*, le conte n'est pas une adaptation cinématographique d'un mythe ou d'une légende mais plutôt des histoires drôles racontées par le personnage du fou pour divertir. Dans le contexte de guerre qui prévaut dans le film de Fanta Régina Nacro, le rôle du "fou conteur" est de permettre à son audience et aux spectateurs de se défaire de l'emprise de cette réalité (cinématographique) marquée par la violence. Cette fonction fantasmatique du conte est notable dans la scène où Tomoto raconte à des femmes dans la cuisine l'histoire drôle d'une belle fille rebelle qui doit faire face aux conséquences de ses actes. L'atmosphère était très tendue dans le camp des forces rebelles à l'approche de la visite du Président du camp loyaliste, et les nerfs sont durement éprouvés par la situation. Le conte du fou sert ici aux femmes comme de moyen de décompression à l'image du rôle que jouent les chants habituellement entonnés par les femmes dans l'exécution de tâches laborieuses. L'histoire drôle racontée par Tomoto est aussi symbolique de l'enjeu de la rencontre programmée entre les deux camps protagonistes qui seront face à leurs responsabilités pour décider de la réconciliation du pays.

En plus de la parenté à plaisanterie et du conte, le rapport du fou avec les enfants crée des scènes comiques dans les films, offrant ainsi un certain divertissement. La rencontre entre d'une part la curiosité et l'espièglerie de l'enfant, et d'autre part l'imprévisibilité et l'étrangeté du fou participent des situations insolites. La présence des enfants constitue un facteur important dans la construction du personnage du fou dans de nombreux films. Les enfants représentent souvent le lien direct et quotidien que le fou entretient avec la communauté. Ainsi, pour Denise Jodelet, l'image du fou comme "l'idiot du village" traduit le fait que les enfants aiment interpeller le fou d'un sobriquet, l'agacer ou faire des mimiques. Le fou trouve chez les enfants l'intérêt que ne lui portent pas les adultes, et il profite d'une audience jeune et curieuse pour laisser s'exprimer les différentes facettes de sa personnalité. Dans une scène de *Tasuma*, Doba s'improvise en instituteur d'école pour enseigner l'alphabet français aux enfants du village assis entre des rochers. C'est un comique de situation qui provoque le rire dans une excellente composition du plan où la taille immense du rocher servant de support d'écriture comme ardoise contraste avec la taille des personnages. De même, l'apparente contradiction que soulève l'image du "fou instituteur" participe de la comédie car comment un déréglé mental prétend-t-il dispenser des cours, une activité qui exige méthodologie rigoureuse et cohérence dans son application.

Les scènes du fou conteur, instituteur ou pratiquant la parenté à plaisanterie portent une double signification sur le plan narratologique et stylistique. Dans la narration, les scènes du fou bouffon constituent des pauses détentes d'une part pour les personnages qui sont souvent traumatisés par les situations de conflit ou de crise, et d'autre part pour le spectateur face à un défilement d'images souvent insoutenables. La comédie est une technique utilisée dans les cinématographies ouest africaines pour aborder des thématiques politiques et sociales qui sont considérées comme très sensibles au vu des mentalités ou de l'autocensure des cinéastes concernant le traitement de certaines problématiques. L'œuvre filmique d'Henri Duparc est empreinte d'humour dans l'esprit de faire rire pour mieux éduquer en passant un message. Le film *Rue Princesse* d'Henri Duparc constitue une illustration d'une telle approche avec le traitement de la question du sida dans un style plein d'humour. En outre, une certaine influence du théâtre sur le cinéma explique également la présence remarquable de la comédie dans des films ouest africains francophones. Formés au théâtre, Abdoulaye Komboudri et Hipolythe Ouagrawa, deux grands comédiens du Burkina Faso, excellent au cinéma par leur talent à faire rire le public même dans des situations les plus sérieuses. L'influence théâtre Kotéba[104] est, selon Pierre Haffner[105], palpable dans le cinéma malien où certaines scènes sont théâtralisées. C'est le cas par exemple du film *Finzan* de Cheick Oumar Sissoko où à la mort de son mari Sungo, Nanyuma doit épouser Bala, le jeune frère du défunt, selon la pratique du lévirat. Bala va renoncer à épouser Nanyuma dans une scène théâtralisée où des enfants déguisés en génies au milieu de la brousse vont lui faire peur afin d'obtenir de lui la promesse de laisser à Nanyuma le choix de son futur époux.

Ainsi, à la fin de cet examen, nous notons que la représentation du fou comme personnage comique fait recours à divers moyens comme la parenté à plaisanterie ou le conte. Les scènes comiques constituent non seulement un divertissement mais aussi des périodes de transition dans l'histoire. L'humour est aussi une approche stylistique visible dans certaines cinématographies ouest africaines où il se joue de la censure sociale pour briser des tabous. C'est dans ce sens qu'un rapprochement peut

[104] Le Kotéba est le théâtre traditionnel bamabara qui a lieu une fois par an au village où on assiste à des mises en scène des dysfonctionnements de la société à travers une comédie burlesque.

[105] *Essai sur les fondements du cinéma africain.*

être établi entre la parenté à plaisanterie et la folie à travers la possibilité de traitement qu'elles offrent à propos de thématiques socialement ou politiquement sensibles. L'humour est porteur d'enseignement pour le spectateur à l'image de la folie qui pourrait représenter l'expression de la parole confisquée ou de la sagesse.

2. Voix de la raison et porte-parole des sans voix

Dans des situations de crise où la communauté est en proie à des doutes, et que l'épanouissement du groupe est sérieusement menacé, le fou est l'un des rares acteurs qui gardent toute sa lucidité dans l'analyse de la situation. C'est aussi vers la folie comme un moyen d'expression de la révolte et de la créativité que se tournent les cinéastes pour redonner au peuple la parole confisquée. Le fou n'est plus ce personnage étrange et risible mais plutôt un visionnaire et un porte-parole des sans voix. Notre analyse va montrer, par des exemples de films, comment d'une part le point de vue du fou éclaire davantage la trame du récit, et d'autre part en quoi le fou constitue une figure de résistance qui incarne les aspirations du peuple.

Les prises de position du fou dans le développement de l'intrigue constituent des contrepoints qui présentent une autre perspective nécessaire à un meilleur décodage du film. Ces prises de position sont des remarques ou interventions du fou qui suscitent une interrogation chez le spectateur par rapport au sens profond de certains événements dans le film. Alors, ces remarques du fou représentent une sorte de jugement impartial entre deux parties où celui-ci se met au-dessus des intérêts partisans. C'est dans ce sens que s'inscrivent les observations d'Elie et de Kerfa sur l'injustice et la victimisation dont Napoko et Sia sont l'objet dans les films *Delwendé* et *Sia, le rêve du python*. Face à l'entêtement des villageois à trouver la sorcière responsable des décès des enfants, Elie, dans un monologue sur un gros plan de la camera, déclare : "siongho, siongho...le poulet n'a pas de réponse, et vous vous entêtez à porter le siongho. Et si la sorcière est à 100 km d'ici, est-ce que le siongho ira là-bas ?" L'observation d'Elie représente une critique non seulement d'une pratique traditionnelle qui fait des victimes innocentes, mais aussi l'aveuglement des gens qui se précipitent toujours pour trouver un bouc-émissaire dans chaque situation de crise.

Elie refuse ces conclusions hâtives et fait preuve de plus de sagesse dans son jugement car dit-il : "je suis fou mais je ne suis pas aveugle". À travers Elie, se lit aussi la position du réalisateur qui dénonce les excès de certaines pratiques. Nous pourrions penser qu'il faut être "fou" pour remettre en cause des pratiques ancrées depuis longtemps dans un terroir, mais la sagesse et la lucidité commandent que certaines pratiques traditionnelles préjudiciables soient bannies. Toute pratique est une construction sociale qui peut être abandonnée par les membres de la communauté si la désuétude de la pratique est avérée. C'est ainsi que le cinéaste incite la société à l'autocritique en lui montrant sa propre image. Dans cette entreprise, le cinéaste trouve chez le personnage du fou l'incarnation du statut de visionnaire et du "diseur de vérité". C'est ce cadre que s'inscrit le rapprochement que Mireille Berton[106] établit entre le "fou visionnaire" et les idées du surréalisme car :

> valorisant la folie comme une forme de créativité qui rend justice a la liberté humaine et a ses potentialités multiples, les surréalistes envisagent le trouble psychique dans sa valence révolutionnaire, [...] Le

[106] "Regard sur la folie : poétique et politique de la folie dans le cinéma".

> fou sait plus, voit mieux, exprime au-delà des conventions sociales, des normes et de la logique avérée par l'expérience quotidienne. (48)

Ce sont des qualités qui sont nécessaires dans la projection du refus de l'immobilisme dans la société.

Maintes fois dans *Sia*, le franc-parler de Kerfa a été mis en relief comme un moyen de rejet de l'immobilisme des pratiques rituelles et une technique du code herméneutique, à savoir la mise en place d'un secret ou d'une énigme dans l'intrigue. Le sacrifice rituel au dieu python est contesté par Kerfa lorsqu'il interroge comment un python qui vit dans une grotte puante peut-il designer la belle fille de Koumbi qui est vierge. Une interrogation qui a le mérite de faire trembler les fondements d'une pratique rituelle douloureuse pour la population, et qui est entourée d'un grand mystère entretenu par des prêtes qui violent des innocentes. Ce franc-parler constitue aussi la principale raison pour laquelle le roi Kaya Maghan a convoqué Kerfa pour qu'il lui parle du peuple car estimant que ses conseillers ne sont que des *yes men*. C'est le premier face-à-face dans le film entre les deux protagonistes réunis dans une même salle, et le spectateur s'interroge sur l'issue d'une rencontre entre le "diseur de vérité" qui combat le détenteur du pouvoir politique et militaire. Le suspense est à la hauteur des enjeux et le fou, par son sens de l'anticipation, parvient à rééquilibrer une situation qui lui paraissait défavorable avant la rencontre. Cette image du fou qui prévoit les événements est parfaitement représentée par le personnage de Doba dans *Tasuma*, où derrière le "fou visionnaire" se profile la perspective du réalisateur qui reconnaît que

> c'est un peu mon regard. Ce n'est pas de la dérision gratuite : il voit plus loin ; il imagine déjà ce qui va

> arriver au personnage alors qu'il prend la route. [...] Un regard sarcastique sur la réalité au quotidien, ces anciens combattants qui se battent à la recherche de leur dû qui n'arrivera souvent jamais avant qu'ils ne meurent. (Olivier Barlet)[107]

À la lecture de la situation actuelle des anciens combattants, le regard visionnaire du cinéaste s'est confirmé sur les souffrances et l'injustice que rencontrent les anciens tirailleurs. Entre la conception par Kollo Sanou du projet de film *Tasuma* en 1987, sa réalisation en 2003, et encore aujourd'hui, de nombreux anciens sont décédés sans avoir touché la pension de retraite. Ceux qui sont encore en vie attendent toujours l'effectivité de la revalorisation de leur pension par rapport à leurs collègues français suite à la décision du Conseil d'Etat[108] français en 2001. Le fou est un personnage aux multiples facettes qui n'est pas seulement le "diseur de vérité" ou le visionnaire, mais également le porte-parole du peuple.

Comme nous l'avons précédemment évoqué dans le cas de Kerfa, le fou est la voix du peuple qui exprime les souffrances de ce dernier à travers ses prises de positions et ses chants. Par le fou, les opprimés retrouvent la voix, l'interdit et le tabou sont brisés. Si dans le film *Sia*, le réalisateur Dani Kouyaté montre que la violence a aussi des origines africaines à travers les mythes, nous remarquons avec le fou que les peuples ont toujours su utiliser différents moyens pour contrer cette violence.

---

[107] Entretien "À propos de Tasuma, le feu" entre Olivier Barlet et Daniel Kollo Sanou.

[108] Un arrêt rendu le 20 novembre 2001 constatant une différence de traitement entre les anciens combattants français et africains sur la base de leur nationalité alors que tous avaient combattu ensemble sous le même drapeau.

L'histoire des figures de résistance est source d'inspiration pour la postérité, mais celle du fou est inexistante, selon Kerfa, parce que le fou n'a pas d'histoire bien qu'il soit présent dans toutes les histoires. Cependant, il est nécessaire de noter que l'histoire et le vécu de la communauté peuvent se lire à travers ceux du fou. C'est ce queYves Barel et Martine Xiberras considèrent comme la fonction-miroir et la fonction-tabou de la marginalité. Dans sa prise de parole, le fou relaie les préoccupations de la masse silencieuse, et les dirigeants peuvent voir en lui l'image de la société en souffrance. L'oppression est remise en cause car "dans l'espace politique [...] la folie apparaît le plus souvent comme l'expression de la parole confisquée" (Kane 172). *Sia, le rêve du python* peut être considéré comme un film qui porte un message d'engagement par la critique des dirigeants africains qui oppriment leurs peuples. Quant à la fonction-tabou du fou, elle se lit dans les sentiments refoulés de la population qui n'ose pas exprimer ouvertement ses plaintes face à l'oppression, et le fou se charge de briser ce tabou ou cette autocensure. C'est pourquoi il est fréquent d'entendre l'expression populaire "tu n'es pas fou pour parler de ça" lorsqu'une personne évoque un sujet sensible sur lequel les autres choisissent de garder le silence.

En prêtant sa voix à l'expression des aspirations de la communauté, le fou n'est pas seulement représenté comme une figure de résistance, mais aussi comme un libérateur. C'est l'image du fou comme libérateur que montre une scène de la fin de *La Nnuit de la vérité* où Tomoto libère les moutons qui étaient attachés. Filmée en plongé dans un mouvement lent de la caméra qui balaie le paysage, la scène présente Tomoto en train de chasser les moutons avec ces mots : "partez, vous avez gagné votre liberté, vous êtes libres". C'est l'image du berger qui guide son troupeau en lieu sûr avant de les libérer. Ainsi, le fou serait le guide et le libérateur du peuple. C'est un engagement auprès du peuple qui s'inscrit dans la durée parce qu'aussi longtemps qu'il y aura de l'oppression, la folie constituera un moyen de révolte. Deux exemples dans *Sia* montrent également cela à travers la résurrection du fou tel que présenté par Kerfa et la folie du personnage de Sia à la fin du film. Dans un vif échange avec le roi Kaya Maghan, Kerfa déclare : "Ils ont peur de ma langue, pourtant ce sont mes mains qu'ils ligotent. Je n'ai pas peur de la mort ! Je sais me réveiller quand je serai mort. Kaya Maghan, tu n'es pas comme moi". Cette déclaration du personnage souligne la récurrence ou le recours à la folie comme force créatrice et moyen de révolte. Par exemple, le spectateur remarque que Sia symbolise l'héritage de révolte de Kerfa lorsqu'elle devient folle à la fin du film. Chez le personnage féminin, la folie est "une puissance de création illimitée par laquelle la femme se donne les moyens de dénoncer le discours patriarcal/colonisateur" (Cazenave 110). La folie de Sia résulte de son refus de perpétuer le mensonge auquel l'invitent les hommes, sur la réalité du mythe du dieu python. Ainsi, la folie comme moyen de révolte est comparable au renard dans la mythologie grecque, un animal qui renaît de ses propres cendres.

Au terme de cette analyse, il ressort que le fou n'est pas seulement représenté comme la voix de la raison, le visionnaire, mais également comme une figure de résistance pour la libération du peuple. Ce sont des images du fou qui contrastent avec son statut de marginal. Cette ambivalence du personnage traduit la nécessité d'aller toujours au-delà de l'apparence physique pour explorer l'invisible, à savoir le lien entre le monde matériel et celui des esprits.

3. Figure d'intermédiation

Sur le plan clinique, la folie est la conséquence d'un désordre psychologique, mais elle porte une signification profonde sur le plan symbolique en raison de son association avec le monde invisible. Le langage hybride du fou qui est souvent incompréhensible des autres et son apparence repoussante ne seraient en réalité que les signes d'élévation caractéristiques des initiés qui se détachent du monde matériel pour celui de la vérité. Le fou est donc à l'image de l'aveugle dont la cécité n'est pas représentée comme une anomalie mais plutôt comme un signe de son rapprochement avec l'univers des initiés. C'est pourquoi,

> être aveugle signifie pour les uns ignorer la réalité des choses, nier l'évidence et donc être fou, lunatique, irresponsable. Pour d'autres l'aveugle est celui qui ignore les apparences trompeuses du monde, grâce à quoi il a le privilège de connaître sa réalité secrète, profonde, interdite au commun des mortels. (*Dictionnaire des symboles* 88)

Ainsi, derrière la folie se trouve le pouvoir de communiquer avec les dieux et les esprits, et deux exemples dans *La Nuit de la vérité* et *Delwendé* illustrent cette représentation. Dans la scène où Tomoto vient "au rapport" sur la tombe du colonel, nous avons une image du fou comme l'initié qui constitue le lien de transmission entre le monde des ancêtres et celui des vivants. En effet, c'est Tomoto qui apporte les dernières nouvelles du pays au défunt colonel et recueille les doléances de ce dernier. Cette scène révèle la dimension symbolique de la folie qui participe de l'initié, mais également de la fonction de narrateur omniscient du personnage du fou parce que c'est

Tomoto qui raconte la suite des événements[109] du film qui ne sont pas montrés à l'écran. Dans *Delwendé*, c'est aussi une représentation du fou comme proche de l'univers invisible qui est donnée lorsque Diarrha vient interroger Elie sur l'existence de Dieu. Troublé dans sa conscience par quelque chose qu'il ne peut confier à un membre de la communauté, Diarrha cherche à entrer en contact avec cette "Réalité Suprême tantôt identifiable à un dieu, à Dieu ou tout autre transcendance, tantôt identifiable au Créateur ou à l'Etre Primordial" (Ouédraogo 203). C'est une telle transcendance qui pourrait libérer Diarrha de son fardeau lorsqu'il s'adresse au fou qui lui semble être l'individu pouvant avoir un lien avec cette Réalité Suprême. Ainsi, dans les exemples de Tomoto et de d'Elie, la folie rime avec transcendance et intermédiation.

Si ces représentations peuvent donner une image positive de la folie, la folie est, selon Denise Jodelet, souvent associée au démonisme dans l'imaginaire populaire. Le discours religieux a certainement contribué à la formation de cette image de démonisme à travers les représentations du bien et du mal. La folie et la sorcellerie feraient partie de ces forces occultes ou du mal qui détruisent tout sans discernement. La sorcière serait donc le contraire de l'image de la mère protectrice et de l'actrice centrale dans les multiples facettes de la vie sociale parce qu'elle représente une force destructrice et aveugle car "le sorcier n'est qu'un symbole des énergies créatrices instinctuelles non disciplinées, non domestiquées, et qui peuvent se déployer à l'encontre des intérêts du moi, de la famille et du clan" (*Dictionnaire des symboles* 898). Jean Chevalier et Alain Gheerbrant

[109] La nomination de N'Gové, le frère du colonel Theo comme ministre de la défense, le décès de la tante de Theo avant d'avoir fini de peindre, et la paix qui règne maintenant parmi Bonandayaks.

considèrent la sorcière comme l'antithèse d'une image idéalisée de la femme, et c'est en cela qu'elle peut être comparée au symbole du fou à travers le clown qui est le contraire de la figure royale, car il oppose le ridicule au sacré et l'irrévérence à la majesté. Par l'humour et la parodie, le clown entretient le public qui se libère de ses angoisses. C'est une fonction cathartique qui se retrouve aussi dans la définition de la sorcière par Carl Jung comme une sorte de projection des forces sombres de l'inconscient. Pour Jung, la sorcière serait une représentation ou expression des craintes refoulées. En dépassant le stade de refoulement, l'individu effectue un pas vers la libération d'un certain fardeau psychique.

Par son pouvoir supposé ou réel de communiquer avec les forces obscures et sa représentation comme prêtresse du diable, la sorcière a une dimension de transcendance qu'elle partage avec le fou dont l'apparence physique et la langue souvent hybride cachent les traits de l'initié qui est en contact avec le monde invisible. Folie, transcendance et sagesse sont liés parce que :

> l'inspiré, le poète, l'initié, paraissent souvent des fous, par quelque aspect de leur comportement, car ils échappent aux normes communes. […] Selon l'Evangile, la sagesse des hommes est folie aux yeux de Dieu et la sagesse de Dieu est folie aux yeux des hommes : derrière le mot folie se cache le mot transcendance. (*Dictionnaire des symboles* 458)

Ainsi, nous notons que le fou est un personnage représenté dans de nombreux films ouest africains à travers des séquences d'humour et de rire pour divertir mais aussi pour éduquer. La folie de ce personnage bouffon porte une signification profonde dans sa symbolique parce que tantôt le fou représente le narrateur omniscient, la figure de résistance face à l'oppression, tantôt il joue un rôle d'intermédiation entre les vivants et le monde des esprits. Toutes ces fonctions susmentionnées qui sont attribuées au fou dénotent de l'ambivalence de ce personnage qui est aussi présent dans les œuvres cinématographiques et littéraires de l'Afrique postcoloniale. Avant de terminer cette analyse sur les différents contours de la perception et de la symbolique de la folie, il serait donc judicieux de s'appesantir un peu sur l'ambivalence du personnage du fou.

Parler de l'ambivalence du personnage du fou, c'est aller, dans l'analyse, au-delà de l'aspect pathologique, bouffon du fou et des conclusions hâtives selon lesquelles celui-ci est dénué de toute raison. C'est justement le sens du travail des auteurs et créateurs artistiques qui veulent montrer que les apparences sont trompeuses, et le fou est là pour rappeler cela. Dans ce contexte, le fou ne représente pas l'éphémère ou la réalité superficielle, mais plutôt ce qui a de permanent et de profond dans l'appréhension d'une réalité donnée. En outre, le fou n'est pas ce désœuvré risible de la communauté qui n'a pas droit à la parole dans les assemblées, mais plutôt le détenteur de la vérité, le témoin, et le lien entre la communauté et l'extérieur ou entre le centre et la marge. Les exemples des personnages de Sia, Kerfa et d'Elie dans films *Sia, le rêve du python* et *Delwendé* démontrent cette ambivalence. Ce sont Kerfa et Sia qui représentent non seulement le lien entre le roi et la population terrorisée, mais également ceux qui dénoncent ouvertement l'oppression au péril de leurs vies. Quant à Elie, il est le témoin privilégié des intrigues qui se passent dans la communauté, et c'est pourquoi il a exprimé sa désapprobation à l'accusation de Napoko de sorcière. Avec son poste radio, Elie représente cette ouverture dans une communauté sclérosée qui fait la porter la responsabilité des événements malheureux à ses membres les plus vulnérables. L'ambivalence du personnage du fou est aussi très présente dans la littérature africaine postcoloniale, une similitude partagée avec la représentation filmique du personnage.

Le fou dans la littérature africaine s'inscrit dans la réalité postcoloniale à travers la littérature de désenchantement qui traite de la déception suite à l'espoir suscité par les indépendances. Cette littérature met en scène des personnages qui, de retour au pays après des études en Occident, sont aux prises avec un système insurmontable. La folie des personnages traduit l'écart entre leurs ambitions ou convictions et la réalité d'un système en place qui les "broie". C'est ainsi qu'Alexie Tcheuyap[110] affirme, sur la question de la folie dans la création romanesque, que

> la question de la folie devient donc éminemment politique en Afrique. Elle est consécutive au dysfonctionnement et au chaos institutionnels. Alors qu'en Occident, la démence est liée à l'expansion anarchique du capital, en Afrique, elle est liée au désordre généré et entretenu par le politique. (66)

Si la folie symbolise la vulnérabilité du personnage face au système, elle représente aussi un signe d'espoir parce que le fou est celui qui a refusé de cautionner le système. Ainsi, la folie ne symbolise pas seulement l'échec et la désillusion mais aussi l'espoir. Par ailleurs, la folie qui est souvent perçue comme étant une punition pour désacralisation ou transgression d'un interdit par un individu dont le personnage de Sarzan[111] constitue l'une

---

[110] "Folie et création romanesque en Afrique".

[111] *Les Contes d'Amadou Koumba.*

des meilleures illustrations. Mais, au lieu d'être présentée comme une punition, la folie peut se révéler être salvatrice du fait qu'elle sert de déclic à l'individu pour accéder à la vérité. La folie n'est pas donc perte de raison, mais plutôt porteuse de raison.

Au terme de ce chapitre, il ressort que le traitement cinématographique de l'homosexualité, et la représentation du personnage du fou obéissent à différentes perspectives. Le cinéma homosexuel constitue à la fois une représentation de la pratique homosexuelle, mais aussi montre l'expérience d'exclusion sociale et de marginalisation. Dans *Woubi Chéri* réalisé par Philip Brooks, nous assistons à une mise en image de l'expérience, sous l'angle occidental, de l'individu isolé du contexte familial, à savoir l'homosexuel qui s'interroge sur sa place dans la communauté. Par Contre, dans *Dakan* et *Karmen Geï*, les cinéastes africains présentent l'homosexuel dans le contexte familial et communautaire. La tension existe dans l'opposition entre les valeurs familiales et l'expression des choix individuels. Les cinéastes africains reprennent également, dans leur représentation de l'homosexualité, les stéréotypes véhiculés sur l'homosexualité. Le traitement de l'homosexualité tourne autour de trois axes dont les questions de genre, d'orientation sexuelle et d'identité.

Pour ce qui a attrait au personnage du fou, il s'agit de représentation et non de montrer l'expérience du fou comme cela est le cas avec l'homosexualité. Cette représentation du fou s'intègre dans une stratégie de prise de parole dans un contexte d'oppression. C'est une prise de parole pour montrer les limites du discours dominant et de montrer les contradictions internes du centre. La représentation du fou peut aussi servir de miroir qui permet de définir l'identité du centre, ses craintes et angoisses. Ainsi, la folie au cinéma ouest africain francophone constitue une position d'énonciation en marge pour dénoncer et non une représentation d'une expérience.

La représentation cinématographique des figures de marginalité comme celle de l'homosexuel et celle du fou présentent des similitudes et des différences. Pour la folie et l'homosexualité, l'espace apparaît comme étant le marqueur de la marginalité dans leur représentation cinématographique. Si l'homosexuel et le fou revendiquent tous un changement, ils diffèrent par contre sur l'ampleur de celui-ci. Les homosexuels revendiquent le droit à la différence, à savoir la tolérance à l'égard d'une orientation sexuelle perçue comme étant contre-nature. Les homosexuels souhaitent leur entière intégration dans la communauté au-delà de quelque différence qu'ils puissent présenter. Se faire accepter et reconnaître de la société leur identité et statut de minorité. C'est un appel fort, à travers la sensibilisation et des voies pacifiques, à l'acceptation de l'Autre dans sa différence. Cette revendication du droit à la différence n'implique pas forcement la mise en cause totale de l'ordre ou du système contrairement au cas du personnage du fou qui veut une réelle révolution. Ainsi, le pouvoir se trouve au centre du combat des deux figures de marginalité. D'autres acteurs sociaux comme les femmes, souvent marginalisées, se sont également engagées dans des luttes pour d'une part faire triompher leur cause, et d'autre part présenter une image de la femme africaine battante.

Chapitre 3. ALTÉRITÉ INNOVANTE ET SENSIBILITÉ FÉMININE

La femme fait l'objet de diverses représentations au cinéma. Dans le cinéma classique hollywoodien, il s'agit très souvent de la représentation de la femme fatale qui entraîne la perte de son partenaire. A côté de la représentation de la femme fatale au cinéma, existe celle de la femme schizophrène caractérisée, selon Martine Beugnet[112], par l'hystérie et les "brusques changements de comportement du personnage" (88). Une autre catégorie de représentation recouvre celle de la femme jouant des rôles secondaires ou de figurants dans les films. L'absence de profondeur du personnage constitue la principale caractéristique de cette dernière catégorie. Celle-ci est très perceptible dans la grande majorité des films africains francophones à travers la thématique de la victimisation de la femme. Représentée dans des rôles secondaires ou comme victime du système patriarcal, la femme africaine ouest africaine présente l'image d'une marginalisée.

Cependant, cette image de la femme victime et marginale connaît des exceptions avec la filmographie de Sembène où la prise de parole de la femme contribue à rétablir une vérité historique sur la place et le pouvoir de la femme dans la société. Si l'œuvre filmique de Sembène sur la condition de la femme est pionnière[113], une tendance se dessine clairement à partir des années 1990 sur une représentation de la femme forte et battante dans les cinémas ouest africains. Ce travail est l'œuvre de réalisateurs et de réalisatrices qui inscrivent la condition

---

[112] *Marginalité, sexualité, contrôle dans le cinéma français contemporain.*

[113] Image de la femme battante déjà présente dans le *Borom sarret* en 1966.

de la femme comme une des thématiques majeures dans leurs films. Les cinéastes Adama Drabo, Anne-Laure Folly, Fanta Régina Nacro et Sembène abordent la question de la femme sous un angle différent de celui de la victimisation. C'est le cas de femmes fortes qui émergent pour prendre la parole, s'imposer dans un environnement masculin, et donner l'exemple par leur vision et leur ténacité. C'est là une représentation cinématographique innovante de la femme ouest africaine.

Si la condition féminine constitue le dénominateur commun des films des cinéastes ci-mentionnés et bien d'autres, il reste que ceux-ci présentent aussi une différence dans l'approche thématique et esthétique. C'est dans ce cadre que nous allons d'abord explorer dans ce chapitre l'altérité innovante de la femme à travers la prise de la parole et du pouvoir, et l'héroïsme au quotidien. Ensuite, nous analyserons, à travers la "réappropriation historique" [114], les fondements et l'objectif d'une représentation innovante de la femme. Dans la deuxième partie du chapitre, nous aborderons la question de l'existence ou non d'une sensibilité féminine dans la création cinématographique, et ensuite établirons une comparaison entre des films sur la condition féminine qui sont faits par des réalisateurs et réalisatrices. Cinq films ouest africains constitueront l'ossature principale de notre recherche à savoir *Faat Kiné* et *Moolaadé* de Sembène Ousmane, *Taafe Fanga* d'Adama Drabo, *Bintou* de Fanta Régina Nacro et *Femmes aux yeux ouverts* d'Anne-Laure Folly. D'autres films de différents horizons pourraient être aussi choisis en fonction de leur pertinence pour l'enrichissement de l'analyse.

[114] Un concept de notre invention qui fait référence au rétablissement d'une vérité historique sur la position réelle de la femme dans les sociétés africaines.

I. Altérité innovante

A. Altérité innovante : de l'engagement au féminin

1. Prise de la parole et du pouvoir

Dans son analyse du cinéma français contemporain, Martine Beugnet constate un intérêt cinématographique pour la marginalité au début des années 1990. C'est la mise en scène dans les films de personnages qui sont en marge de la société. C'est pourquoi "l'un des aspects les plus remarquables du jeune cinéma des années 90 est le renouveau d'attention pour des personnages et des situations sociales et géographiques restées en marge des atmosphères héroïques qu'aime à créer le cinéma commercial classique" (Beugnet 17). Une telle tendance est également perceptible dans le cinéma ouest africain à partir des années 90 au regard du nombre des productions et des thématiques traitées. Ces dernières recouvrent des sujets relatifs à l'enfance, à l'homosexualité et à la condition de la femme. La représentation de la femme est particulièrement innovante et nous examinerons dans une partie du travail les raisons qui sous-tendent cette approche. Si la prise de parole et du pouvoir sont caractéristiques de cette représentation innovante, il faut noter que celle-ci se construit autour d'une figure féminine forte qui entend changer un statut quo défavorable aux femmes. *Moolaadé* représente le meilleur exemple de la prise de parole tandis que *Taafe Fanga* constitue une parfaite illustration de la prise du pouvoir par la femme.

Dans *Moolaadé*, le personnage de Collé Ardo Gallo Sy est présenté comme la force de changement qui lutte contre la pratique de l'excision soutenue par les Salindana, Dougoutigui et l'imam du village. En d'autres termes, c'est l'engagement d'une femme contre une alliance faite de pouvoirs traditionnel et religieux. Déjà marginalisée par sa situation de femme dans le processus décisionnel au niveau du village, Collé mène un combat dont l'issue peut sembler perdue d'avance. En effet, on pourrait imaginer dès le début du film qu'il serait difficile à Collé d'enclencher un mouvement des femmes capable d'ébranler sérieusement les fondements d'une pratique culturelle qui est profondément ancrée dans le terroir. Mais c'est justement là que Sembène donne une représentation innovante de la femme basée non seulement sur la force de caractère du personnage de Collé mais aussi sur des moyens endogènes de lutte. La personnalité de Collé est en partie forgée par un drame personnel qu'elle a vécu à travers le décès de ses deux premiers enfants et de l'accouchement de sa fille Amsatou par césarienne. L'excision qu'elle a subie à son enfance est la cause de ce drame, et Collé continue de souffrir des séquelles comme le démontre la scène d'intimité où elle revoit en *flashback* cette expérience traumatisante. La conviction de la justesse de la cause défendue et la persévérance décrivent la force de caractère de Collé dans un milieu traditionnel où la division en castes et le système patriarcal régissent la vie communautaire. Les intimidations et l'humiliation en public par la flagellation n'entament en rien la détermination de Collé de voir l'excision disparaître. Ainsi, aux forces oppressantes du système patriarcal et de la pratique de l'excision, Sembène oppose une femme forte qui prend la parole au nom du bien-être de la femme. Pour cela, le réalisateur fait recours au *kalfa*[115] comme ressource culturelle pour servir de tremplin à la prise de parole de la femme. C'est un choix

[115] Droit de protection en langue bambara. Lorsqu'on en veut à quelqu'un et qu'il retrouve refuge chez une tierce personne, alors cet individu jouit d'une certaine immunité qui ne doit pas être violée sous peine de s'attirer la colère et la malédiction des ancêtres.

qui dénote sur le plan esthétique de la richesse culturelle africaine dont le cinéma peut toujours s'enrichir, et sur le plan politique du changement social dont la femme est l'initiatrice à travers des solutions endogènes. La prise de la parole dans le domaine social semble porter sur des thématiques précises dans les films tout comme dans les œuvres littéraires.

Dans le roman *Une si longue lettre* de Mariama Bâ, la polygamie constitue le thème central tandis que la Grande Royale, dans *L'Aventure ambiguë* de Cheikh Hamidou Kane, prend la parole pour décider de l'envoi des enfants à l'école occidentale. La prise de parole de la Grande Royale, la sœur du chef des Diallobé, pour l'éducation occidentale est très symbolique dans le contexte social de l'époque. En prenant la parole, elle prend le pouvoir car sa parole devient acte quand elle dit à Samba Diallo qu'"il faut aller apprendre chez eux l'art de vaincre sans avoir raison" (47). Cette représentation littéraire de la figure de la femme forte à travers le traitement d'un sujet social précis est aussi perceptible au cinéma avec le cas de l'excision dans *Moolaadé*.

Le débat sur l'excision, selon Tanella Boni, tourne autour des arguments médical, juridique et culturel. Nous examinerons le traitement de l'excision dans *Moolaadé* pour déterminer s'il s'inscrit dans le cadre défini par Boni.

L'argument médical de l'excision est présent dans le film à travers le drame personnel de Collé et le questionnement que suscite l'opération parce que les Salindana n'utilisent pas de produits anesthésiants ou antibiotiques. Par exemple, dans la scène où une exciseuse interpelle les autres sur le cas d'une fillette qui éprouve des difficultés à uriner, la solution proposée est simplement de mettre du beurre de karité sur la plaie. Par ailleurs, on oblige les petites filles récemment excisées à esquisser des pas de danse malgré la présence de plaies douloureuses. Pour mieux marquer cette souffrance des fillettes, le réalisateur a représenté le camp de retraite des Salindana au milieu de la forêt comme une sorte de lieu de torture. Chaque fois que la caméra présente ce lieu, soit nous entendons des cris et gémissements de fillettes hors champ, soit nous voyons d'immenses volutes de fumée qui montent au ciel, ce qui rend l'atmosphère lugubre. Outre cette atmosphère ci-décrite, nous pouvons également constater que l'excision est une pratique dégradante à travers le détournement du sens qui est habituellement conféré à l'éloignement dans le cadre de l'initiation. En situation initiatique, l'éloignement ou l'isolement du lieu constitue quelque chose de positif en ce qu'il représente un espace sacré de transformation positive pour les candidats à l'initiation. Mais cela n'est pas le cas dans *Moolaadé* où cet éloignement est synonyme de torture pour les fillettes.

Quant à l'argument juridique, il est presqu'inexistant au sens moderne ou occidental du terme car il n'est pas fait mention expressément de lois ou de mesures contraignantes. Le "kalfa" ou droit de protection pourrait faire partie de l'argument juridique, mais il s'intègre mieux pour notre part dans l'argument culturel. Ce dernier recouvre les fondements identitaire et historique de la pratique de l'excision. L'imam du village prétend que l'excision serait prescrite par l'islam tandis que les Salindana et le chef coutumier insistent sur le caractère identitaire et culturel de la pratique. Les arguments de ces acteurs seront contredits dans le film, et le "Moolaadé" ou "kalfa" représente le moyen par lequel le changement interviendra à la fin du film. Si aucune autorité administrative, policière ou juridique n'est intervenue dans cette lutte contre l'excision, c'est que le cinéaste privilégie le *soft power* à savoir la persuasion à travers le "kalfa". C'est là un point de convergence entre Boni et Sembène sur le fait que la bataille contre l'excision va se gagner par le changement des mentalités et non par la seule mise en place d'un arsenal juridique car celui-ci, selon Boni, existe déjà dans plusieurs pays mais cela n'a pas pour autant fait baisser la pratique de manière significative.

En plus des trois types d'arguments développés ci-dessus, nous constatons que Sembène met aussi l'accent sur la dimension groupale de la question de l'excision. Cette pratique n'est pas seulement un drame personnel mais également celui de la communauté. Le suicide[116] de deux enfants qui ont fui l'excision a profondément choqué les villageois. Cet événement douloureux rappelle le destin auquel ils sont liés en tant que communauté. Mais comme il est fréquent de noter dans des situations de crise, la responsabilité des événements est imputée à des éléments en marge ou considérés comme extérieurs au groupe.

La radio est considérée par les vieux du village comme ayant une mauvaise influence sur les femmes à savoir qu'elle alimente la contestation des femmes. Alors, les postes de radio sont confisqués et brûlés. De même, la télévision n'est pas admise dans le village parce que Doucouré Ibrahima, le fils chef de Dougoutigui, s'est vu interdire de monter celle qu'il a ramenée de France. Ces réactions dénotent de la peur du changement que ressent la vieille garde du village et d'une fuite en avant au lieu de confronter directement la question de l'arrêt de la pratique de l'excision. Les observations d'Ibrahima et de Sanata montrent que l'ouverture à l'extérieur est indispensable. Ibrahima affirme que la télé et la radio font désormais

[116] Le suicide d'enfants est un thème tabou dans de nombreuses sociétés. Le cinéaste guinéen Mohamed Camara a réalisé deux courts métrages *Denko* (1992) et *Minka* (1994) sur l'inceste et le suicide des enfants.

partie de la vie quotidienne partout dans le monde, et Sanata ironise le fait que les hommes prétendent “fermer les cerveaux des femmes” en brûlant leurs postes de radio. Ainsi, à l’image du personnage du fou dans *Delwendé*, la radio représente ici non seulement le lien avec l’extérieur, mais aussi une source de vérité parce que c’est sur la base de l’information à la radio que Collé affirme que l’excision n’a pas été prescrite dans le Coran. Le dernier plan de *Moolaadé* montrant l’antenne de la télé symbolise la victoire des réformistes sur les tenants du statut quo tant sur l’excision que l’interdiction des technologies de communication. Même si la radio et la télé représentent l’ouverture et le changement, le cinéaste nous montre que le vrai changement viendra de l’intérieur. L’attitude des personnages de Collé et de Brahima par rapport au changement illustre bien la position du cineaste. Le spectateur s’attendrait à ce qu’un personnage comme Brahima qui a vécu à l’extérieur prenne une position tranchée contre l’excision, mais c’est plutôt Collé qui se montre en farouche opposant de cette pratique. En plus de la radio et de la télé, le personnage de Mercenaire est présenté comme un élément extérieur à la communauté. Il symbolise le lien avec l’extérieur à travers ses articles de commerce. Ce marchand colporteur est perçu par les vieux du village comme une menace au village du fait qu’il flirterait avec leurs épouses, et surtout qu’il est intervenu pour arrêter la flagellation de Collé. Ce dernier acte est impardonnable aux yeux des villageois, et Mercenaire est tué et dépouillé de son argent suite à une expédition nocturne. Le sort du personnage de Mercenaire rappelle celui de Napoko dans *Delwendé* qui est chassée du village parce qu’accusée de sorcellerie. Ainsi, dans les films portant sur une relation conflictuelle entre le centre et la périphérie, nous constatons une tendance à savoir la désignation d'un bouc-émissaire par la communauté pour porter la responsabilité de la crise.

Pour ce qui est des films de Sembène, Kenneth Harrow soutient que leur structure narrative comporte généralement trois étapes dont nous essayerons de voir si elles sont présentes dans *Moolaadé*. La première étape consiste en la présentation du problème ou de la crise, ce qui renvoie au déséquilibre crée au village lorsque Collé décide d'accorder la protection à quatre fillettes contre l'excision. Les deuxième et troisième étapes qui portent sur la résolution de la crise par la présentation d'une fausse piste suivie de celle de la bonne solution n'apparaissent pas clairement dans la structure narrative du film. Le code herméneutique[117] dans *Moolaadé* n'offre pas de grandes surprises au spectateur par rapport au déroulement de l'histoire. Sembène a plutôt opté pour une focalisation hétérodiégetique où le spectateur a une connaissance omnisciente des intrigues autour des personnages et dont les dénouements ne font que renforcer le point de vue défendu dans le film. Ainsi, ce choix narratologique du réalisateur participe de la prise de position tranchée du cinéaste contre l'excision, et de la représentation d'une héroïne qui laisse peu de doute quant à la justesse et à l'aboutissement de la cause défendue. *Moolaadé* serait donc un film[118] à thèse, et Françoise Pfaff[119] le considère comme le film réellement féministe de Sembène. La perspective féministe n'est pas seulement

---

[117] Mis en place et maintien de l'énigme à travers des rebondissements.

[118] *Moolaadé* comme un film à thèse mais qui ne s'inscrirait pas dans le genre des films de Michael Moore où le point de vue tient peu compte d'autres perspectives que celle du cinéaste dans le traitement du sujet.

[119] *A l'écoute du cinéma sénégalais.*

perceptible dans la prise de parole mais également dans la prise du pouvoir par la femme.

Contrairement à la prise de la parole où les films se focalisent sur le traitement d'une thématique particulière, la question de la prise du pouvoir aborde une pluralité de sujets comme la relation de la femme au pouvoir décisionnel, le statut de la femme, et l'imaginaire du groupe sur les rôles sociaux du genre féminin. Les films *Taafe Fanga* du Malien Adama Drabo et *Une femme pas comme les autres* du Burkinabé Abdoulaye Dao constituent deux exemples qui montrent la prise du pouvoir par la femme. Dans leur approche esthétique et thématique, ces films présentent des similarités et des divergences dont l'examen informe sur la représentation innovante de la femme et la perspective féministe qui sous-tend ces films.

Dans les deux films de Drabo et de Dao, la femme est celle qui détient et exerce le pouvoir politique et économique. C'est une représentation de la femme qui contraste avec celle de la victime. En effet dans *Taafe Fanga*, ce sont les femmes du village Dogon de Yanda qui exercent le pouvoir à la suite de la prise du masque Albarga par Yayemé. Avec le renversement des rôles sociaux du genre, ce sont les hommes qui s'occupent des tâches ménagères tandis que les femmes décident des affaires courantes dans les conseils du village qu'elles dirigent. Dans ce contexte, les femmes sont détentrices de tous les leviers politiques y compris de représenter le village de Yanda dans les rencontres avec les autres villages. C'est par exemple le cas lors de la rencontre entre les envoyés du village Yoguma où le personnage de Timbé parlait non seulement au nom de Yanda, mais aussi elle a décidé de rompre le mariage qui devait lier son époux Ambara[120] à une jeune fille de quinze ans. La composition de cette scène filmée sur les falaises est symbolique avec un plan d'oiseaux qui volent librement vers le ciel après que Timbé ait dissuadé la fille de se suicider. Cela montre d'une part la liberté retrouvée par la jeune fille qui représente l'avenir, et d'autre part la perspective d'immenses possibilités d'épanouissement pour la femme que symbolise la ligne infinie de l'horizon.

À cette représentation du pouvoir politique de la femme dans *Taafe Fanga*, correspond celui économique dans *Une femme pas comme les autres*. Mina, le personnage principal du film, est présentée comme détentrice du pouvoir économique du fait de son poste de PDG dans une entreprise, et de son niveau de vie car possédant une voiture de luxe, une grosse villa et des employés domestiques. Par contre, Dominique qui est au chômage depuis trois ans dépend du soutien matériel et financier de sa femme Mina. Ainsi, c'est l'homme qui se retrouve ici dans la situation de précarité qui est souvent associée à la condition féminine dans les œuvres littéraires et filmiques. *Taafe Fanga* et *Une femme pas comme les autres* partagent cette représentation innovante de la femme à travers la figure de la femme détentrice du pouvoir politique et économique. Ces deux films montrent également d'autres aspects qui permettent de bien appréhender la thématique du statut de la femme tel qu'il est traité dans les films.

Les cinéastes Drabo et Dao soulèvent, à travers les personnages féminins, des questions sur d'une part la meilleure approche et la finalité du combat de la femme, et d'autre part la représentation des rôles sociaux du genre féminin dans l'imaginaire des sociétés ouest africaines.

---

[120] Il est le vieux qui dirigeait les réunions des anciens du village avant la prise du pouvoir par les femmes.

Taafe Fanga met en scène deux visions du féminisme incarnées par Yayemé, Timbé et Kinou. Dans le film, Yayemé et Timbe représentent non seulement la prise du pouvoir par les femmes, mais aussi une vision de la libération de la femme basée sur la reprise par la femme des rôles et comportements sociaux qui sont associés à l'homme. C'est ainsi qu'après la prise du pouvoir, Timbé a demandé à toutes les femmes de s'habiller comme des hommes. Elles tiennent des palabres inutiles, boivent de la bière locale ou fument la pipe sous le grand hangar au milieu du village. Ce travestissement des femmes et le renversement des rôles sociaux participent d'une stratégie subversive qui dénonce le pouvoir masculin. Mais si une telle lecture est pertinente, elle connaît également des limites lorsque le spectateur voit que dans le film la petite fille Kinou s'est démarquée de la démarche de sa mère Yayeme et de sa tante Timbé en revendiquant sa féminité dès la prise du pouvoir par les femmes. Kinou a décidé de "rester femme" et aussi de ne pas changer de rôles sociaux. Elle a refusé de porter le pantalon et aide son père à faire la cuisine. C'est là une autre perspective du combat de la libération de la femme où celle-ci ne se réduit pas un jeu à somme nulle à savoir soit elle est dominante ou dominée. Ainsi, Kinou incarne une vision du féminisme où "it's not about power, but equality in our differences" comme elle le dit à sa mère à la fin du film.

Les deux films de Drabo et de Dao présentent une esthétique particulière et une stratégie subversive dans la prise du pouvoir par la femme. La structure narrative de *Taafe Fanga* est inspirée de l'oralité avec le griot Sidiki Diabaté qui raconte l'histoire du film à une audience de jeunes gens comme un fait plein d'enseignement. L'histoire du film *Une femme pas comme les autres* est comparable à un fait divers d'infidélité que nous pouvons lire dans la presse écrite au Burkina Faso, mais son originalité tout comme celle de *Taafe Fanga* réside dans une approche esthétique qui privilégie le style comique et le renversement de rôles sociaux des genres féminin et masculin. La prise et l'exercice du pouvoir constitue l'enjeu de l'interaction entre les personnages. Mais nous pensons que le recours au renversement de rôles sociaux pour traduire l'enjeu du pouvoir est une approche qui peut desservir la cause de la femme. La femme assumant le rôle social de l'homme est certes une démarche subversive mais nous pouvons aussi nous demander si la femme doit toujours se comporter en homme ou "être homme" pour être considérée comme libérée. Par ailleurs, nous pouvons nous demander si le recours au mythe dans les films sur cette thématique constitue un aveu que le schéma présenté n'est pas envisageable dans la réalité. Plusieurs réponses peuvent être apportées à cette interrogation dont par exemple la créativité reconnue à l'artiste qu'est le cinéaste pour ses choix esthétiques et narratologiques ou une façon de préparer les mentalités au changement souhaité par les femmes.

Le débat sur le choix de la meilleure stratégie de lutte des femmes peut sembler dépassé pour certains. Cependant, le renversement des rôles sociaux dans la représentation innovante de la femme à travers les films induit la réouverture ou l'approfondissement de ce débat. En l'absence d'un tel débat, il pourrait être reproché aux femmes de vouloir "être hommes" à l'image de la critique que les lesbiennes font aux gay sur leur prétendue obsession du phallus[121]. Il faut aussi certes reconnaître l'aspect symbolique de la représentation du pouvoir à travers celle de l'homme, mais nous pensons que le pouvoir peut aussi se conjuguer au féminin. C'est pourquoi, les cinéastes devraient réaliser plus de films sur

[121] Symbole du pouvoir de l'homme.

de grandes figures historiques sans pour autant verser dans la reconstitution nostalgique d'un passé ou d'un passé qui n'a peut-être même pas existé. Des productions cinématographiques qui célèbrent l'héroïsme féminin au quotidien sont également des pistes à explorer davantage.

Au terme de cette analyse, nous remarquons une représentation de la femme comme une figure forte qui prend la parole pour dénoncer ou qui se saisit du pouvoir pour s'affirmer et revendiquer un autre type de rapport avec le processus décisionnel. Ces représentations filmiques se distinguent non seulement par la construction de personnages féminins qui s'imposent aux autres, mais aussi par une esthétique qui combine style burlesque et renversement de rôles sociaux des genres masculin et féminin. À côté de ces films qui traitent de la prise de la parole et du pouvoir par la femme, existent aussi d'autres films qui montrent l'image de la femme qui force le respect et l'admiration pour le combat quotidien qu'elle mène dans la société.

2. Héroïsme féminin au quotidien

La représentation de la femme entreprenante et battante est de plus en plus perceptible dans plusieurs films africains francophones au cours des vingt dernières années. C'est l'image de la femme qui non seulement parvient à s'imposer au plan professionnel dans un "univers masculin", mais aussi de la femme qui se montre proactive à travers son engagement dans les domaines social et politique. En plus de ces représentations de l'héroïsme au quotidien, nous constatons aussi celles de figures historiques ou de résistance dans certains films. Nous axerons notre étude sur les films *Femmes aux yeux ouverts*, *Faat Kiné* et *Bintou* pour ce qui a trait à l'héroïsme au quotidien, et *Karmen Geï*, Yenenga pour les figures historiques ou de résistance.

Le film *Faat Kiné* de Sembène constitue un exemple de la représentation de l'héroïsme féminin au quotidien à travers le personnage principal de Kiné. Cette dernière doit affronter deux univers dominés par les hommes. D'abord, c'est dans le secteur de la gérance des stations-services à Dakar, un milieu symbolique de la domination masculine que Kiné va s'imposer par ses qualités humaines et compétences managériales. Ce leadership de Kiné est notable tant au niveau de sa station Total Point E que parmi ses collègues gestionnaires hommes. Par exemple, le contraste est évident entre Kiné et Alpha, un collègue gérant d'essencerie qui est au bord de la faillite à cause de sa mauvaise gestion. Ensuite, la société patriarcale constitue l'autre univers où Kiné, victime au départ, mène un parcours de battante pour avoir une réussite sociale et économique. Abandonnée par les pères de ses deux enfants et chassée de la famille dès sa première grossesse par un père traditionnaliste qui ne veut pas de fille-mère sous son toit, Kiné réussit par le travail à fonder une famille et à prendre en charge sa mère, victime elle aussi de la maltraitance de son père.

La représentation de la femme dans *Faat Kiné* à travers Kiné est comparable à celle du personnage de Thérèse Parise Dernis dans le documentaire *Souvenirs encombrants d'une femme de ménage* [122] de Dany Kouyaté. Doublement handicapée par son statut de femme et son origine guadeloupéenne dans une société française où l'intégration des minorités reste problématique, Parise donne l'image de la femme qui incarne le refus du désespoir et de la fatalité dans sa lutte contre l'injustice des hommes et "les sorts de la vie". Ainsi, *Faat Kiné* et

[122] Réalisé en 2008, le film présente l'histoire personnelle d'une Française de 86 ans, d'origine guadeloupéenne, sous une dimension existentielle et universelle.

Souvenirs encombrants d'une femme de ménage présentent des similarités dans la représentation des personnages masculins et féminins. Les hommes sont présentés comme irresponsables et violents tandis que les femmes incarnent le sens de la responsabilité et du combat au quotidien pour le bien-être collectif de la famille. Cette représentation est aussi perceptible dans la littérature caribéenne à travers *Pluie et vent sur Télumée miracle*[123] où les hommes sont présentés comme irresponsables. Une telle représentation de l'homme et de la femme vise non seulement à dénoncer le pouvoir dominant et abusif de l'homme, mais aussi à donner une autre image de la femme que celle de l'éternelle souffrante. Cette projection de l'image de la femme battante se trouve aussi bien dans des films de réalisateurs que ceux de réalisatrices. Nous analyserons ultérieurement dans ce travail les similarités et différences de cette représentation dans les œuvres de ces réalisateurs. Outre le contraste entre l'image de l'homme irresponsable et celle de la femme battante, *Faat Kiné* montre également deux différents portraits de la femme africaine.

Comme dans *Taafe Fanga*, nous assistons à une mise en opposition entre la figure de la fille et celle de la mère dans *Faat Kiné*. La mère est présentée comme la femme soumise qui subit sans remettre en cause le discours traditionnel et religieux sur la condition de la femme tandis que la fille oppose une certaine résistance par l'exemple de son parcours social et professionnel. C'est dans ce cadre que Nicole Aas-Rouxparis[124] affirme à propos du film *Faat Kiné* qu'il "s'agit de l'ascension difficile d'une femme abandonnée par les pères de ses

---

[123] Roman de Simeone Schwarz-Bart.

[124] "Conversation avec Sembène ".

deux enfants. La mère représente l'image d'une tradition qui s'estompe, tandis que sa fille offre la silhouette de l'Afrique de demain" (578). Kiné incarne donc le futur de la femme africaine que le cinéaste tente de projeter.

Nous pouvons remarquer deux aspects récurrents dans la représentation innovante de la femme qui est montrée comme agente de changement. Il s'agit dans un premier temps de disqualifier les hommes comme modèles parce qu'ils seraient irresponsables et obsédés par le pouvoir de dominer. Ensuite, une opposition intergénérationnelle entre les femmes est représentée avec le rejet de la vieille génération qui incarne la tradition. Ce sont là deux stratégies que les cinéastes mettent en œuvre dans les films pour donner une image de la femme proactive ou agent de changement dans certains cas. Mais, nous pouvons nous interroger, comme Kenneth Harrow, sur l'ampleur du changement qu'apporte cette représentation de la femme sur la condition féminine en Afrique. Selon Harrow[125],

> we find a strong current of African feminist filmmaking practice, from Safi Faye to Sarah Malaror to Anne-Laure Folly [...] Further, this is a cinema in which the solutions put forth take the form of women joining the exclusive male club, not disrupting the established order. (138)

Dans *Faat Kiné*, nous constatons, comme l'indique Harrow ci-dessus, que le personnage de Kiné rejoint effectivement le club fermé des hommes gérants des stations-services dakarois. La solution que le film propose n'est donc pas une refonte totale du système patriarcal ou le rétablissement d'un nouvel ordre, mais plutôt célèbre la

[125] *With Open Eyes: Women and African Cinema.*

réussite de la femme dans l'espace masculin qui généralement l'opprime. Cette représentation du changement de l'ordre établi est bien différente de celui que Sembène propose sur le système politique à travers le personnage de Djib, le fils de Kiné. Djib et ses amis sont présentés comme les leaders de l'Afrique qui défendent des idéaux panafricanistes. Les posters de leaders comme Kwamé Nkrumah, Nelson Mandela et de Thomas Sankara sont accrochés aux murs de la cour. Le "Club Utopies et Prospectives" que dirige Djib a pour objectif de faire de celui-ci le président de la République Fédérative des Cinq Etats de l'Afrique de l'Ouest. Le changement prôné par les jeunes est radical par rapport à la division de l'Afrique en petits Etats. Ainsi, nous pouvons affirmer que l'héroïsme féminin au quotidien dans le film *Faat Kiné* ne présente pas une perspective féministe qui revendique un changement total de l'ordre masculin ou patriarcal en place.

Nous ne pouvons pas parler de représentation innovante pour caractériser la visibilité certes croissante des Africaines au cinéma à savoir comme comédiennes ou réalisatrices, mais leur présence en elle-même constitue un symbole du progrès accompli face au pouvoir masculin. Longtemps perçu comme un domaine exclusivement masculin et véhiculant le regard[126] de l'homme sur la femme, le cinéma est de plus en plus investi par les femmes africaines. A la suite de pionnières comme M'bissine Thérèse Diop, Safi Faye ou Sarah Maladoror, une autre génération de femmes donne la mesure de leurs talents dans le cinéma africain francophone ouest africain. Il s'agit d'une part des comédiennes Naky Sy Savane, Hélène Maïmouna Diarra ou Georgette Paré, et d'autre

[126] Laura Mulvey parle du medium cinématographique comme expression de la vision masculine de la femme.

part des réalisatrices comme Anne-Laure Folly, Fanta Régina Nacro, Sara Bouyain et Khadi Sylla. Outre les difficultés de financement auxquelles sont confrontés généralement les cinéastes africains, les femmes font également face à certains préjugés. A cet égard, Naky Sy Savane[127] affirme dans une interview qu'"en Afrique, il est d'abord compliqué d'être femme, de s'affirmer comme femme, ensuite d'être artiste comédienne ; et troisième complication pour moi-même car venant d'une famille religieuse [petite fille d'un grand imam à Abidjan]". Ainsi, en dépit des difficultés et des préjugés, la présence remarquable des femmes derrière et devant la caméra témoigne d'une évolution dans les mentalités, et cela contribuera davantage à valoriser l'image[128] de la femme africaine. Les réalisatrices abordent dans leurs films diverses thématiques dont la majorité tourne autour de questions sociopolitiques. Selon Frieda Ekoto[129], le discours politique des femmes s'articule autour de deux axes principaux dont la victimisation et la révolte. À cet égard, elle affirme que

> la politisation du discours féminin se fait traditionnellement à partir de deux faits : la position de la femme dans la société que celle-ci apparaisse comme un être exploité, réduite à la misère, rejetée, "maudite", ou qu'elle soit accusée de subversion ou d'immortalité, [...] en second lieu, il faut que son

[127] Le film *Sisters of the Screen* de Beti Ellerson.

[128] La présence de grandes comédiennes à l'écran est un facteur de visibilité, mais elles ne devraient pas jouer uniquement les seconds rôles.

[129] "Femmes cinéastes d'Afrique et des Caraïbes : le dur désir de créer dans un monde effarant".

> discours, en tant que porteur d'une certaine vérité, dévoile des rapports politiques là où on n'en perçoit pas. (35)

La victimisation et la révolte de la femme qu'évoque Ekoto sont des problématiques qui sont abordées dans certains films africains. Cependant, nous notons également un troisième axe thématique, en plus de ceux définis par Ekoto, qui est celui de la représentation de l'héroïne. Le court métrage *Bintou* de Fanta Régina Nacro, et *Femmes aux yeux ouverts* d'Anne-Laure Folly offrent des exemples de cette image de l'héroïne. Ces deux films constitueront le cadre référentiel de notre analyse de l'héroïsme féminin au quotidien à travers des questions d'éducation et d'action politique.

Le film *Bintou* met en scène une femme au foyer qui décide d'envoyer sa fille à l'école en dépit de l'opposition farouche du mari Abel contre la scolarisation des filles. L'éducation constitue la thématique centrale de ce film où Nacro montre une image de la femme "moderne" et proactive. Le personnage principal de Bintou se distingue en trois points de la représentation de la femme impuissante et victime du pouvoir féodal des hommes.

D'abord, la décision de Bintou d'envoyer sa fille à l'école est quelque chose de novateur dans le contexte traditionnel Mossi où toute décision concernant l'avenir des enfants est du seul ressort de l'homme. Même si le film se déroule dans une grande ville comme Ouagadougou, le spectateur perçoit le poids des traditions qui est toujours important dans les rapports entre l'homme et la femme. Abel est présenté comme un mari dominant et traditionnaliste. La prise de la parole de Bintou, dans ce contexte socio-culturel, sur la scolarisation de sa fille est donc un acte très symbolique.

Ensuite, la décision de scolariser sa fille est une révolution parce que seuls les garçons étaient envoyés à l'école. La scène d'ouverture du film montre d'ailleurs Abel qui s'emporte contre Bintou au motif que celle-ci a pris son argent pour envoyer une fille à l'école, un acte acceptable, selon lui, s'il s'agissait d'un garçon.

Enfin, l'autre point sur la représentation innovante de la femme réside dans la prise d'initiative dont fait preuve Bintou pour payer les frais de scolarité de sa fille et de supporter certaines dépenses de la famille. Bintou a décidé de vendre du mil germé aux "dolotières" du quartier pour acquérir une autonomie financière. Cette représentation de la femme entreprenante est également présente dans les films *Faat Kiné*, *Une Femme pas comme les autres* et *Le Fauteuil*[130]. Un autre parallèle peut aussi être établi entre *Bintou* et le film *Rue cases-nègres* d'Euzhan Palcy. En effet, nous constatons le même engagement féminin pour l'éducation à travers le personnage de M'a Tine qui a décidé de l'envoi de son petit-fils José à l'école. Pour subvenir aux besoins de José, M'a Tine travaille dans les champs de canne à sucre, et ensuite s'installe à Fort-de-France comme lessiveuse pour pouvoir lui payer les frais de scolarité. Le poids de l'âge et des souffrances n'ont rien entamé à la détermination de M'a Tine qui est présentée comme une figure forte et engagée socialement pour la cause de l'éducation. Son engagement pour l'éducation trouve écho dans ce que le maître d'école dans le film dit aux ses élèves : "l'instruction est la clef qui ouvre la deuxième porte de notre liberté[131] ". Femme forte et visionnaire dans le contexte sociohistorique des années

[130] Film de Missa Hebié réalisé en 2009.

[131] La fin de l'esclavage n'ayant pas conduit à la liberté escomptée, l'instruction représente une source majeure d'espoir.

1930 en Martinique, M'a Tine représente ainsi l'exemple de l'héroïne au quotidien qui s'engage pour l'instruction de la nouvelle génération. Ce type d'engagement au féminin est aussi perceptible sur le plan politique dans des films africains dont *Femmes aux yeux ouverts*.

B. Grandes figures et réécriture de la vérité historique

1. Figures politique et historique

La structure thématique du documentaire de Folly peut être divisée en deux grandes parties dont la première traite de la victimisation des femmes par différents maux, tandis que la deuxième montre des femmes dans des rôles de leader. C'est cette dernière partie qui nous intéresse dans l'analyse de la représentation innovante de la femme à travers un engagement politique au quotidien. *Femmes aux yeux ouverts* nous montre l'exemple des femmes maliennes et béninoises comme actrices à part entière de la scène politique de leurs pays. Au Mali, les femmes ont joué un rôle déterminant en mars 1991 dans la chute du dictateur Moussa Traoré, et l'avènement de la démocratie dans ce pays. Ce sont les marches des femmes après la mort d'étudiants qui ont précipité le départ du pouvoir de Moussa Traoré. Et pour la première fois dans l'histoire du Mali, c'est une femme qui a été nommée gouverneure du district de Bamako même si celle-ci affirme qu'il reste beaucoup d'efforts aux femmes pour s'imposer dans la démocratie naissante de l'époque. Aujourd'hui, le Mali est un exemple de démocratie souvent cité en Afrique et les femmes ont certainement contribué à l'avènement et au fonctionnement quotidien de cette démocratie. Le même engagement en politique des femmes est notable au Benin au début des années 1990. Les femmes affirment s'inspirer de l'histoire des Amazones et du roi Ghézo. Des figures historiques qui représentent non seulement une source d'inspiration et de fierté, mais aussi des preuves qui contredisent la marginalisation sociale et politique de la femme africaine. Des exemples de figures historiques de résistance ou de reines ont été l'objet de productions cinématographiques. Ces dernières apportent une autre perspective sur la représentation de la femme, et nous allons examiner quelques films ouest africains qui traitent de ce sujet.

Dans son ouvrage *Reines d'Afrique et héroïnes de la diaspora*, Sylvia Serbin montre le rôle historique joué par des figures féminines dans l'histoire de leurs peuples. Serbin procède dans son analyse par une catégorisation de grandes figures dont les reines, les femmes de pouvoir et d'influence, les résistantes et les guerrières. C'est un découpage qui se veut inclusif dans son approche. Mais, nous limiterons notre examen à deux principales catégories dont les reines et les résistantes. Ce choix est dicté par le champ de notre recherche et le fait que les productions cinématographiques africaines ne couvrent pas toutes les catégories traitées par Serbin.

En ce qui a trait aux reines, l'exemple de Yennenga[132] au Burkina Faso et de la Reine Pokou[133] en Côte-d'Ivoire mérite une attention particulière. Si historiquement la fondation de royaumes est souvent associée à l'homme, ces deux femmes ont été fondatrices respectivement des

[132] Redoutable guerrière du roi de Dagomba (actuel Ghana) qui refusait de se marier. Elle prit la fuite un jour et fit la rencontre du chasseur Rialé. Le nom Ouédraogo fut donne à leur descendance pour rendre hommage au cheval qui a permis cette rencontre.

[133] Pourchassés par des envahisseurs, Reine Pokou et ses hommes tentent de rejoindre l'actuelle Côte d'Ivoire à partir du Ghana. A une certaine étape pendant leur fuite, ils devaient sacrifier un enfant pour traverser un fleuve sous peine d'être rattrapés. Reine Pokou sacrifia son fils unique pour sauver son peuple.

royaumes Mossi et Baoulé. Reine Pokou représente l'exemple du sacrifice de la femme pour son peuple, et Yennenga, la guerrière qui s'est imposée comme leader incontournable. Les dimensions souvent mythiques du parcours de ces figures historiques nous invitent à garder une certaine distance critique dans notre analyse parce qu'il est difficile de faire la différence entre la vérité historique et le mythe qui est entretenu par des générations autour de ces personnages depuis des siècles. Mais, il n'en demeure pas moins que l'histoire de ces personnages nous éclaire non seulement sur le rôle historique joué par les femmes en Afrique de l'Ouest, mais aussi l'influence qu'exerce leur héritage dans le combat actuel des femmes et dans le processus de construction d'une identité nationale. L'histoire des Reines fondatrices de royaumes reste aujourd'hui une source de fierté nationale. Même si le projet du film *Yennenga : épopée des Mossi* n'a pas pu se réaliser, Yennenga reste omniprésent dans le paysage cinématographique à travers les prix Etalon Yennenga décernés au Fespaco. Pour ce qui est de l'histoire de la Reine Pokou, elle est présente, comme une ressource historique, dans l'engagement des femmes contre les formes de discrimination et d'exclusion que connaît la Côte d'Ivoire suite à l'avènement du concept d'ivoirité. C'est ainsi que Véronique Tadjo[134] se sert de l'histoire de la Reine Pokou pour montrer les sérieuses limites du concept de l'ivoirité parce que la Côte d'Ivoire a été historiquement habitée de peuples venus d'ailleurs. L'argument de Tadjo ressemble fortement au concept de rhizome développé par Edouard Glissant pour mettre en relief les racines multiples de l'identité antillaise.

Ainsi, nous pouvons affirmer que l'histoire des reines apporte une autre perspective sur le regard porté sur la

[134] Le roman *Pokou Reine* publié en 2005.

femme, et sert aussi de source d'inspiration pour les femmes qui luttent contre diverses formes d'exclusion. Outre les reines, des figures historiques comme les résistantes offrent une autre grille de lecture sur des aspects de l'engagement au féminin.

L'une des thématiques récurrentes du cinéma africain est la réécriture de l'histoire. Cela passe par un retour au passé à travers l'histoire des grands empires et de figures de résistance à la colonisation. Outre le cadre de la réécriture de l'histoire, il faut reconnaître que les résistantes peuvent aussi être analysées selon une perspective féministe. Dans ce contexte, la représentation ou la référence aux grandes figures de résistance dans le cinéma africain peut servir deux objectifs à savoir mettre en relief l'engagement au féminin, et donner une autre image de la femme. C'est le cas par exemple du film *Karmen Geï* où les noms des résistantes[135] sénégalaises chantés par Massigi évoquent le combat des femmes contre la dérive autoritaire. C'est ce qui est suggéré dans le film à travers le personnage de Ma Penda qui est montrée comme une figure féminine s'opposant au pouvoir abusif et à la corruption du système représenté par le commissaire Tall. Ainsi les exemples des reines et des résistantes servent de cadre référentiel pour contrer la perception que la femme a toujours été historiquement marginalisée dans les sphères sociale et politique. A cet égard, Med Hondo, le réalisateur de *Sarraouina*, souligne que

> we never speak of the role of African women in history, but they headed kingdoms and had an important status in matriarchal societies. We also tend to forget that the present-day African women

[135] Koumba Castel, Mame Njare Njaw et Aline Sitoé.

> are very active and productive: they raise children, farm, cook and run businesses. (Pfaff 151)

Ce sont là des exemples qui contredisent la perception ou la victimisation de la femme comme c'est le cas à travers les thèmes de l'excision, du mariage forcé et du Sida dans la première partie du documentaire *Femmes aux yeux ouverts*.

Au terme de notre analyse, nous pouvons soutenir que l'héroïsme féminin au quotidien dans le cinéma ouest africain francophone après 1990 s'articule autour de trois principaux axes. D'abord, les exemples de grandes figures historiques servent de source d'inspiration et de fierté pour des femmes dans leurs luttes quotidiennes et représentation d'une image plus positive de la femme. Ensuite, nous constatons l'engagement des femmes à travers des actions concrètes dans le domaine de l'éducation et de l'action politique sur des aspects qui touchent la vie de leurs communautés. Enfin, sur le plan professionnel, des femmes se sont imposées dans des secteurs perçus comme dominés par les hommes. L'histoire regorge certainement d'éléments pour mieux expliquer le décalage qui existe entre la réalité historique et sociale montrant la centralité de la position de la femme, et la marginalité qui caractérise souvent la représentation de la femme. C'est dans ce cadre que nous examinerons, dans la partie suivante de notre travail, le sens à donner au traitement cinématographique de la marginalité à travers l'engagement au féminin.

2. Altérité innovante : rétablir la vérité historique

Il existe un réel décalage entre la position historique de la femme africaine dans sa communauté et la représentation récurrente de la femme comme victime que nous voyons fréquemment dans les medias. Des preuves historiques à travers l'exemple de grandes figures et de pratiques coutumières prouvent la centralité historique de la position sociale et politique de la femme africaine. Comment pouvons-nous alors expliquer la victimisation qui caractérise souvent la représentation de la femme dans la littérature et le cinéma ? Plusieurs pistes d'investigation sont possibles dont par exemple, l'impact de la colonisation sur les structures sociales africaines d'alors ou l'influence du regard masculin qui aurait longtemps dominé la représentation de la femme au cinéma. Le champ de recherche pour explorer le décalage ci-dessus évoqué reste très peu exploré en Afrique où la position marginalisée de la femme est perçue comme résultant du seul poids de pratiques sociales qui lui sont préjudiciables. Mais nous pensons qu'une lecture de grille à multiples entrées permet d'avoir une perspective plus large dans l'analyse de la question. C'est ainsi que nous privilégions une lecture axée sur la représentation cinématographique qui rend justice à la femme africaine au regard de la centralité historique de la position de celle-ci dans la société.

L'histoire de l'Afrique fourmille d'exemples de femmes qui donnent la vraie mesure du combat et des sacrifices, et de la grandeur d'âme de la femme africaine. Cet aspect historique de la situation de la femme sert de source d'inspiration pour des œuvres filmiques et littéraires qui présentent une perspective féministe ou féminine. Cela s'inscrit dans une démarche contre l'oubli et le rétablissement de la vérité comme le souligne Natalie Philippe[136] :

> reines Pokou, Zinga et Gicanda, Ndabaga, Béatrice du Congo ou Aline Sitoe Diatta, autant de figures

[136] *L'engagement au féminin.*

> héroïques magnifiques qui incarnent le combat des femmes et le sacrifice pour le peuple, autant de femmes qui évoquent la lutte et leur engagement avec la vie. Écrivains et artistes, à leur tour nous disent la vie et l'espérance, contre l'oubli, contre la mort. (3)

Cette démarche de rétablissement de la vérité historique concernant la position de la femme constitue, selon Odile Cazenave, l'un des nouveaux paramètres définissant l'engagement dans la littérature africaine. Dans cette quête de la vérité historique sur la situation de la femme, nous constatons que la colonisation a contribué à la marginalisation de celle-ci. C'est ainsi que Maria Rosa Cutrufelli [137] et Yolande Parisot [138] présentent deux perspectives de l'impact de la colonisation sur la position de la femme respectivement en Afrique et dans les Caraïbes.

Dans son argumentaire, Cutrufelli montre d'abord le changement intervenu dans les sociétés africaines suite à l'introduction par l'administration coloniale du "cash money" à travers l'impôt obligatoire payable uniquement en la monnaie du colon. Cette dernière était devenue indispensable pour les indigènes pour acheter les articles de la métropole qui remplacent de plus en plus ceux du marché local. Cette dynamique socio-économique coïncide avec la naissance des villes coloniales africaines où, selon Didier Gondola[139], les femmes étaient interdites d'accès. Ensuite, Cutrufelli insiste sur le fait que le mariage civil reconnu par l'administration coloniale

[137] *Women of Africa: Roots of Oppression.*

[138] "Retourner la marge en centralité".

[139] "Unies pour le meilleur et pour le pire. Femmes africaines et villes coloniales : une histoire de métissage".

accentuait la précarité de la femme. Si la loi coutumière garantissait, selon elle, les droits économiques de la femme, le mariage civil donnait plus de pouvoirs à l'homme au détriment de la femme africaine. Par exemple, "a woman's rights on marriage over her pre-marriage possessions are assured; also by customary law she usually has a right over her earned income from the selling of beer or handicraft items for example (Cutrufelli 58). L'analyse de Cutrufelli établit ainsi un lien direct entre une certaine dégradation de la situation de la femme à travers son indépendance économique et certaines dispositions réglementaires ou juridiques mises en place par l'administration coloniale. Il est judicieux de nous interroger si l'analyse de Cutrufelli est toujours pertinente de nos jours au regard de la situation de la femme. En d'autres termes, existe-t-il un continuum ou un rapport (in)direct entre la situation actuelle de la femme africaine et la politique coloniale ? La réponse à cette interrogation requiert encore plus de recherches interdisciplinaires sur une thématique qui reste très peu investie par rapport à ses potentialités. Pour notre part, un début de réponse est perceptible sur des aspects de la situation de la femme traités dans le cinéma africain qui montrent une certaine marginalisation dont le legs de la colonisation constitue un facteur. L'instruction développée sous l'administration coloniale visait principalement les hommes, et le monde du travail rémunérateur de l'époque excluait les femmes. Une situation qui n'a pas facilité la libération de la femme dans le contexte postcolonial. La question de l'éducation des jeunes filles et de l'autonomie financière de la femme est abondamment traitée dans les films *Bintou* et *Femmes aux yeux ouverts*. Dans ce dernier, le spectateur constate la précarité de la situation de la femme qui est souvent déshéritée des biens de la famille après le décès de l'époux. Des pratiques comme le lévirat sont présentées dans *Femmes aux yeux ouverts* comme la cause directe de la précarité, mais l'absence d'instruction et d'autonomie financière sont également des facteurs déterminants. Ainsi, la marginalisation dont est victime la femme africaine dans les domaines économique et politique peut être liée à la colonisation. Cette dernière a également, selon Yolande Parisot, contribué à la représentation de la figure de la femme afro-caribéenne.

Contrairement à l'Afrique où la politique coloniale a poussé la femme à la marge, elle a plutôt contribué à placer la femme au centre de la société afro-caribéenne. C'est ce que Parisot désigne sous le vocable de "matrifocalité" pour caractériser cette centralité. En effet, il faut savoir que

> dans la Caraïbe, des formations sociales originales, où la femme est une figure organisatrice par excellence, sont nées de la démesure de la colonisation et de l'esclavage. [...] C'est ce qu'on appelle la matrifocalité, qui est une donnée essentielle pour qui veut comprendre la place de la femme dans la société afro-caribéenne. (Parisot 71)

Cette centralité de la position de la femme dans la société afro-caribéenne est comparable à celle de la femme dans les sociétés matriarcales en Afrique où l'autorité de celle-ci est perceptible à travers l'organisation sociale du groupe et l'ascendance maternelle dans la descendance. Outre les sociétés matriarcales, la femme se trouve également au centre de la vie sociale comme les baptêmes, les funérailles ou certaines cérémonies traditionnelles.

Ainsi, nous pouvons affirmer, après l'analyse des points de vue de Cutrufelli et de Parisot, que la colonisation a fortement influencé non seulement la condition de la femme, mais aussi la représentation de la figure de celle-ci dans les œuvres filmiques. Dans un élan de rétablissement d'une certaine vérité historique et de prise de parole par les femmes, des films africains offrent une autre perspective sur l'image de la femme.

L'exploration de différentes stratégies de représentation participe de l'engagement de la part de cinéastes dont l'objectif consiste à faire accéder la femme au centre. Ce retour de la femme de la marge à la centralité est une thématique qui informe sur le traitement des marginaux dans le cinéma africain des années 1990 et après. Selon Beugnet, durant la même période en France,

> l'émergence de sujets marginaux et la mise en question de la norme dominante témoignent des tensions qui marquent une production cinématographique récente, thématiquement et formellement tiraillée entre le repli sur des discours conventionnels ou régressifs, ou l'exploration de stratégies de représentation radicales ou subversives. (23)

Au terme de notre réflexion sur cette première partie, il ressort des points importants par rapport à l'héroïsme au quotidien, à la réappropriation historique, et à la prise de la parole et du pouvoir par la femme. Le traitement filmique de la marginalité féminine s'inscrit principalement dans un cadre de représentation différente voire subversive de la femme, une démarche cinématographique qui présente trois caractéristiques. D'abord, les films montrent la femme dans des rôles de leadership par opposition à l'image de victimisation de la femme. Ensuite, les deux autres caractéristiques portent sur la forme, à savoir l'humour et le renversement de rôles sociaux qui sont associés aux genres masculin et féminin.

Ces caractéristiques témoignent d'une tendance subversive et engagée de ces productions cinématographiques qui visent à projeter une autre image de la femme. Les femmes cinéastes contribuent à cette tâche à travers des œuvres qui offrent une perspective interne sur la lecture de la condition de la femme comme c'est le cas dans la filmographie d'Anne Laure Folly [140] . L'œuvre cinématographique de Sembène Ousmane traitant de l'héroïsme au quotidien montre que le réalisateur peut très bien rendre compte de l'univers féminin. Dès lors nous pouvons nous demander ici si seules les femmes cinéastes peuvent mieux traiter de la question de la femme. Une interrogation qui pose le débat sur d'une part l'existence et les caractéristiques d'une sensibilité féminine, et d'autre part la place de celle-ci dans la création artistique.

II. Sensibilité féminine au cinéma

La présence des femmes est très perceptible dans les différents domaines artistiques à savoir les arts du spectacle, la littérature ou les arts (audio) visuels dont le cinéma. Les productions cinématographiques réalisées par des femmes véhiculent, dans certains cas, un imaginaire féminin que nous pouvons contraster avec celui présent dans les œuvres des réalisateurs. Mais cette distinction est souvent perçue comme étant réductrice, d'où la controverse que suscite souvent la question de l'expression d'une sensibilité féminine dans la création artistique.

Deux visions s'opposent sur la question de l'existence ou de la détermination de la sensibilité féminine au cinéma. La première vision part du principe que toute

---

[140] *Femmes aux yeux ouverts*, *Les Oubliées* (1996) sur les conséquences de la guerre civile sur les Angolaises, et *Déposez les armes* (1999) sur le combat des femmes sur la paix en Casamance.

tentative d'appréhender l'Autre peut être discriminatoire, réductrice voire une ghettoïsation pour le cas des films réalisés par des femmes. Nous percevons certes la pertinence des réserves émises par les tenants de cette vision qui redoutent les conséquences induites d'une caractérisation de l'Autre, mais nous pensons que cette position ne répond pas à l'interrogation sur l'existence ou non d'une sensibilité féminine au cinéma, sinon peut-être préfèrent-t-ils l'esquiver. En ce qui concerne la seconde perspective, elle nie catégoriquement l'existence d'une sensibilité féminine définissable parce que celle-ci aurait des contours indiscernables. Si cette perspective souligne avec justesse la difficulté à appréhender l'expression de la sensibilité féminine au cinéma, nous pensons qu'elle occulte certains traits distinctifs des films réalisés par les femmes. Cette réalité, objet d'un développement ultérieur dans notre analyse, consiste en divers dispositifs narratologiques et thématiques qui recoupent des films de réalisatrices. En outre, parlant du regard[141] de l'homme dans la représentation de la femme au cinéma, nous pouvons aussi légitimement évoquer le cas du regard de la femme derrière la caméra. Nous pouvons bien imaginer que la réalisatrice comme le réalisateur présentent une perspective vue de l'intérieur ou un imaginaire représentatif du genre. Ainsi, ces deux visions susmentionnées montrent le tabou et la complexité concernant la question de l'expression de la sensibilité féminine au cinéma.

Pour mieux cerner cette sensibilité féminine au cinéma, nous adopterons une démarche qui consiste à étudier les

[141] Un discours féministe sur l'image de la femme au cinéma qui tourne autour du dispositif, du regard et du spectatororiat. Laura Mulvey insiste sur le fait que le medium cinématographique ne donne que l'image de la femme à travers le regard masculin.

traits caractéristiques des films réalisés par de cinéastes femmes africaines. Cette démarche d'investigation va s'inspirer de l'article [142] d'Anne Gillain sur les caractéristiques de l'imaginaire féminin qui ont été relevées dans une douzaine de films français. L'étude de Gillain est axée sur trois grilles de lecture dont les personnages, la narration et la thématique. Après un examen des traits, nous procèderons à une étude comparative de films de réalisateurs et de réalisatrices africains qui traitent de la même thématique. C'est ainsi que sur la thématique de la folie, nous ferons une comparaison entre les films *Une fenêtre ouverte* de la Sénégalaise Khady Sylla et *Sia, le rêve de python* de Dani Kouyaté. Pour ce qui a trait à l'excision, notre attention portera sur les films *Femmes aux yeux ouverts* d'Anne-Laure Folly et *Moolaadé* de Sembène Ousmane dans une optique comparative.

A. Sensibilité féminine : une notion tabou ?

La question de la sensibilité féminine constitue un sujet dont le traitement requiert un certain équilibre entre la recherche académique qui se veut ouverte à savoir sans tabou et le risque de se voir reprocher de tenir un discours sexiste ou discriminatoire à l'égard des femmes. Ceci étant dit, nous présenterons premièrement dans notre analyse les arguments qui sont souvent avancés pour rejeter tout débat sur l'expression de la sensibilité féminine dans la création artistique. Ensuite, nous montrerons par des exemples les différentes positions des réalisatrices et des comédiennes africaines sur cette question. A cet égard, le film *Sisters of the Screen* [143] permet d'approfondir le débat avec les

[142] "L'imaginaire féminin au cinéma".

[143] Film documentaire réalisé par Beti Ellerson en 2002.

différentes perspectives qui sont offertes par les femmes interviewées. Nous nous interrogerons aussi s'il ne faut pas parler de perspective féminine au lieu de sensibilité féminine.

1. Rejet du débat sur la sensibilité féminine

Parler de production cinématographique au féminin et de la définir dans ses traits spécifiques n'a rien de dérangeant à première vue. Mais, des arguments sont avancés pour remettre en cause la pertinence et le risque d'une tentative d'aborder ce qui fait la spécificité des films réalisés par les femmes.

Tout d'abord, la différence est souvent perçue comme étant quelque chose de négatif. C'est ainsi que "dire qu'il y a un cinéma féminin, c'est reconnaître une différence qui est perçue comme insultante" (Gillain 260). La caractérisation de la différence en elle-même ne devrait pas constituer un sujet à controverse parce qu'elle s'intègre dans un cadre d'avancement de la connaissance sur les différentes facettes de l'homme ou de son environnement. C'est l'objet des sciences et des recherches académiques. Cependant, il faut reconnaître qu'il peut y avoir un réel décalage parfois entre cette quête et l'usage qui est fait des résultats de la recherche ultérieurement. Et même dans le cas d'un usage détourné des résultats, le chercheur ne peut être tenu directement responsable si ses motivations initiales ont été de pousser les limites de la connaissance. Il se pose là encore la question de comment connaître les motivations d'une personne et de les juger bonnes ou mauvaises. C'est l'exemple de l'ouvrage *Histoire naturelle* où dans la partie intitulée "Variétés dans l'espèce humaine"[144], Buffon

[144] pp.140-165.

traite de l'évolution et des caractéristiques des principales variétés de la race humaine. Le nègre est décrit comme un être sauvage, joyeux, résistant à la faim et démuni de tout sens de l'organisation. Dans un tel contexte, nous pouvons bien comprendre les risques encourus dans toute définition de la différence comme le souligne Olivier Barlet[145] : "c'est effectivement quand on cherche à dégager des spécificités qu'on s'enferme ou enferme l'Autre dans une différence correspondant davantage à ce qu'on a besoin qu'il soit" (2). Même là, nous devons observer que dans les spécificités ou les différences, il existe toujours un certain degré de métissage[146] ou d'influence externe qui relativise toute notion d'authenticité faisant preuve de marque identitaire particulière. Ainsi, loin de toute naïveté sur les possibles motivations des chercheurs, nous allons pour notre part supposer dans notre analyse que la recherche académique sur l'Autre ne vise qu'à mieux le comprendre.

En plus de la perception négative et des risques d'une définition de la différence, la désignation de la spécificité féminine dans la création artistique est rejetée dans certains cas. Dans la critique littéraire, il existe la notion d'*auteur* qui ne ferait pas référence au genre de l'écrivain mais plutôt mettrait l'accent sur l'œuvre pour sa lecture critique. L'œuvre comporterait en elle-même les clés de sa lecture critique sans une connaissance préalable de la part du lecteur du genre ou du *background* de son créateur. Cependant, des situations apparaissent pour remettre en cause la neutralité de genre du créateur revendiquée par la nouvelle critique littéraire. C'est le cas par exemple de la

[145] "La représentation de la femme dans les cinémas d'Afrique noire".

[146] Concepts de créolité et de créolisation développés par Edouard Glissant, Patrick Chamoiseau, etc.

féminisation de noms de certaines professions qui étaient jusqu'à récemment orthographiés au masculin. Au niveau du cinéma, la prise en compte de la spécificité féminine s'est traduite par la création de programmes de soutien à la réalisation de films, de cadres associatifs et institutionnels. C'est l'exemple de *Women Make Movies*, *Women in Film*, ou *Black Women Filmmakers*. Ainsi, ces exemples montrent que la spécificité féminine au cinéma existe et qu'il ne devrait pas y avoir de tabou à l'explorer.

En Afrique, la question liée à la spécificité du genre féminin (comédienne et réalisatrice) au cinéma a été prise en compte un peu tardivement au plan institutionnel. C'est en 1991 que pour la première fois a été mis en place au Fespaco un Bureau des professionnelles africaines de l'audiovisuel. Ce Bureau avait pour mission de proposer des formations à travers des ateliers, de faciliter les contacts avec les partenaires financiers et de permettre une plus grande visibilité des femmes. Le mérite de cette initiative réside dans la reconnaissance d'une spécificité qu'il faut prendre en compte dans le cinéma africain. Mais, l'avènement relativement tardif[147] du Bureau suscite des interrogations parce qu'il a fallu attendre vingt-quatre années, à savoir depuis la création du Fespaco en 1967, pour qu'une telle initiative soit prise au niveau d'une institution panafricaine comme le Fespaco. Nous avons deux hypothèses comme réponses aux interrogations susmentionnées. Premièrement, le retard pourrait expliquer la marginalité des femmes dans la production cinématographique à savoir leur nombre limité[148] et le

[147] A moins que le Fespaco ait pris antérieurement d'autres initiatives du même objectif qui sont méconnues du public.

[148] Au début des années 1990 en Afrique de l'Ouest francophone, seule l'œuvre de Safi Faye était déjà connue. On assistait aussi à l'émergence d'Anne-Laure Folly et de Fanta Régina Nacro.

manque de visibilité de leurs œuvres. Deuxièmement, nous pouvons supposer qu'il existe un malaise ou rejet à regrouper les films réalisés par des femmes sous une même catégorie parce que cela renforcerait non seulement le sentiment de marginalité, mais aussi ne tiendrait pas compte de la diversité dans leurs productions. Ainsi, ces deux hypothèses démontrent que le traitement de la production cinématographique au féminin n'est pas sans controverse même au niveau institutionnel.

Au terme de cette première partie de notre analyse, il ressort qu'il existe une sorte de tabou autour de toute tentative d'examiner la spécificité féminine dans la production cinématographique. Les raisons de ce tabou résident principalement d'une part dans la crainte d'une plus grande marginalisation ou d'une conception réductrice de la production filmique au féminin, et d'autre part dans une lecture critique[149] de l'œuvre par elle-même. Après avoir présenté et critiqué les arguments rejetant le débat sur l'expression de la sensibilité féminine au cinéma, nous allons maintenant l'examiner à partir d'une perspective interne à savoir celle des réalisatrices et comédiennes africaines sur la question.

2. Perception de la sensibilité féminine par les Africaines

Les opinions sont très partagées entre les réalisatrices et comédiennes africaines sur l'existence et la caractérisation de la sensibilité féminine. Le documentaire précédemment évoqué *Sisters of the Screen* donne la parole aux professionnelles africaines sur la question. Pour la

[149] Dans la critique littéraire, certains parlent de la "mort de l'auteur".

réalisatrice burkinabé Francine Oubda, la sensibilité féminine est perceptible à travers l'intuition féminine. Cette dernière serait le trait distinctif de la sensibilité féminine. Il se pose alors ici en filigrane l'interrogation de savoir s'il faut être femme pour mieux pénétrer l'imaginaire féminin ou traiter de thématiques relatives aux femmes. À cet égard, l'intuition féminine[150] et le fait d'être femme permettraient, selon Oubda, de bien appréhender les questions féminines. L'exemple du documentaire *En attendant les hommes* [151] de la Sénégalaise Katy Lena Ndiaye montre en effet comment il serait plus facile pour une réalisatrice de pénétrer l'espace privé des femmes dans le contexte d'une société islamique comme celle de la Mauritanie. Le fait d'être femme a pu faciliter la tâche à Ndiaye de discuter seule à seule des questions d'intimité avec les participantes ; ce qui n'aurait pas été possible pour un homme. Cependant, cet aspect pratique susmentionné dans la réalisation du documentaire ne doit pas être perçu comme incontournable parce que le même sujet aurait pu être traité à travers un film de fiction où dans ce cas, le réalisateur ne serait pas confronté à des questions pratiques de terrain. Contrairement à Francine Oubda qui soutient l'existence d'une sensibilité féminine, d'autres réalisatrices se montrent nuancées dans les prises de position sur la question.

Si Fanta Régina Nacro préfère parler simplement de "sensibilité humaine", Valérie Kaboré prône la complémentarité parce que, affirme-t-elle, "je pense que la complémentarité est nécessaire entre l'homme et la femme

[150] Rarement, ceux qui invoquent l'intuition féminine donnent une définition convaincante de celle-ci.

[151] Film réalisé en 2007 sur la vie privée et sexuelle de femmes de Oualata qui attendent soit le retour de leurs maris partis travailler ailleurs, ou de rencontrer un futur mari.

dans le domaine de l'audiovisuel parce que nous avons notre sensation à nous, notre manière de voir"[152]. Mais c'est la réalisatrice nigériane Ngozi Onwurah qui soulève la question de la différence inhérente à toute définition de la sensibilité féminine. Pour Onwurah, la difficulté réside dans la définition de la sensibilité féminine en général, et particulièrement celle de la femme afro-américaine ou afro-britannique. Ainsi, face à cette difficulté susmentionnée, certaines comme Onwurah préfèrent parler de perspective féminine au lieu de sensibilité. Nous pensons que le changement de terminologie ne change rien au problème qui reste entier. C'est le problème de l'appréhension de ce qui fait la spécificité de la production audiovisuelle des femmes. En effet, il faudrait aller au-delà de la simple catégorisation des productions audiovisuelles des femmes comme traitant soit uniquement de thématiques sociales[153], ou relevant du discours privé à savoir la sexualité, la maternité ou le mariage. C'est ce qui va constituer l'objet des deux prochaines sous-parties de notre analyse sur les traits caractéristiques de l'imaginaire féminin au cinéma et une étude comparative.

Ainsi, il ressort à la fin de notre analyse sur cette partie qu'il existe un certain tabou sur la définition et l'étude de l'expression de la sensibilité féminine au cinéma. Des craintes ont été exprimées par certains sur une possible conception réductrice du cinéma au féminin tandis que d'autres insistent sur la grande difficulté à cerner la sensibilité féminine. Pour notre part, la spécificité féminine existe dans le domaine artistique qu'elle soit

[152] *Sisters of the Screen.*

[153] *La Nuit de la vérité* de Nacro contredit cela parce que le film traite de questions politiques.

appréhendée sous le terme de sensibilité féminine ou de perspective féminine. L'étude des caractéristiques de l'imaginaire féminin au cinéma va constituer une première étape pour démontrer cette spécificité féminine. Il faut cependant reconnaître l'influence qu'a l'expérience [154] dans notre perception du monde ou dans la construction de notre point de vue. L'expérience peut ainsi impliquer différentes sensibilités et points de vue différents. En d'autres termes, un homme peut, par exemple, faire un film qu'on prendrait comme réalisé par une femme et inversement.

B. Caractéristiques du cinéma au féminin

Dans son article [155] sur les réalisatrices françaises, Georgiana Colvile compare le regard de celles-ci à la caméra comme un rite de passage de "l'état de voyeuse à celui de voyante". C'est ainsi qu'en passant à la réalisation, les femmes cinéastes françaises "passent à l'acte et pénètrent dans le domaine symbolique de la mise-en-scène, pour y projeter des traces de leur imaginaire" (Colvile 75). Le medium cinématographique se révèle ainsi pour nous comme un des moyens privilégiés pour non seulement mieux appréhender l'imaginaire féminin mais aussi examiner son expression dans la création artistique audiovisuelle. Dans notre démarche pour cerner ce qui fait la spécificité de l'imaginaire féminin au cinéma, nous nous inspirerons à titre comparatif du triptyque grille de lecture d'Anne Gillain qui est axée sur la thématique, la narration et les personnages du cinéma au féminin.

---

[154] Passé, background ou l'Être dans sa multiplicité.

[155] "Mais qu'est-ce qu'elles voient? Regards de Françaises à la caméra".

En ce qui a trait aux films africains, notre choix est dicté par l'espace géographique et temporel dans lequel s'inscrit la thématique de notre recherche. C'est pourquoi, nous avons choisi pour notre étude les films *Femmes aux yeux ouverts* (1994), *La nuit de la vérité* (2004) et *En attendant les hommes* (2007). Le documentaire domine dans ce choix, par rapport à la fiction, parce que c'est le genre dans lequel les réalisatrices s'expriment le plus[156]. La préférence des réalisatrices ouest africaines francophones pour le documentaire peut s'expliquer par deux raisons. Premièrement, la rareté des sources de financement fait du documentaire une option plus viable parce que sa réalisation ne requiert pas de grand budget comme c'est le cas avec les longs métrages de fiction. Par ailleurs, la vidéo numérique haute définition permet aujourd'hui un plus grand accès à la production filmique. Deuxièmement, le documentaire apparaît, dans les pays africains lusophones, comme un des moyens les plus utilisés dans la prise de parole pour dénoncer des maux ou dans une perspective didactique.

L'analyse des traits de la spécificité du cinéma au féminin comportera deux composantes dont celle de la thématique qui explore le corps de la femme, l'expression de la marginalité et de la révolte. La seconde composante qui porte sur le récit et les personnages. Il s'agit d'examiner la différence entre récits au féminin et masculin à savoir ceux de réalisatrices et de réalisateurs. Quant aux personnages, nous étudierons non seulement la représentation au féminin des personnages féminins et masculins, mais aussi les rapports qui se créent entre ces personnages. Dans la conclusion, nous tâcherons de

---

[156] Entre 1995 et 2005, seuls deux long métrages de fiction ont été réalisés par des femmes en Afrique de l'Ouest francophone : *Mossane* de Safi Faye en 1997 et *La nuit de la vérité* de Fanta Nacro en 2004.

montrer en quoi la spécificité du cinéma au féminin s'inscrit dans la problématique globale de notre recherche sur la représentation de l'altérité dérangeante et innovante.

1. Traitement thématique : marginalité et corps de la femme

Dans son étude des œuvres de réalisatrices françaises, Anne Gillain montre que la marginalité et l'errance caractérisent les héroïnes dans les films de celles-ci. A cet égard, Gillain soutient que "les représentations traditionnelles du cinéma classique associent la femme à un domicile et à l'immobilité. Dans les films des réalisatrices, loin d'être enfermée dans la sphère privée du foyer familial, elle est sans abri et en mouvement" (264). Il faut cependant reconnaître qu'un tel constat n'est pas valable avec les réalisatrices ouest africaines francophones dans leur traitement de la marginalité au féminin.

Tout d'abord, les réalisatrices africaines se distinguent par l'expression de la marginalité au féminin à travers l'immobilité contrairement à leurs consœurs françaises chez qui "les récits de femmes précipitent leurs héroïnes sur les routes, les chemins ou les rues des villes et villages" (Gillain 264). La marginalisation des femmes est traitée, par les réalisatrices africaines, à travers la délimitation d'un espace physique et symbolique où la femme est maintenue. C'est l'enfermement de la femme dans la sphère privée avec une grande restriction de l'accès à l'espace public. En d'autres termes, nous avons très souvent une représentation de la femme qui est liée au contexte familial. C'est l'exemple du film *En attendant les femmes* où les femmes restent enfermées chez elles, et même leurs activités génératrices de revenu se déroulent à la maison comme celle des peintures murales. Le traitement cinématographique de l'espace sert ici de marqueur à la marginalisation des femmes. Dans *Femmes aux yeux ouverts*, les femmes sont montrées pas seulement dans leurs rôles familiaux, mais également comme éprouvant d'énormes difficultés dans leur tentative d'accès à l'espace public à savoir leur entrée en politique. Ainsi, nous pouvons affirmer que l'immobilité constitue la caractéristique principale de la marginalité au féminin par les réalisatrices africaines.

Par contre, dans les films de réalisateurs, c'est l'errance qui caractérise leur traitement de la marginalité des femmes. Cela est particulièrement perceptible dans les films *Delwendé*, *Karmen Geï* et *Souvenirs encombrants d'une femme de ménage*. Dans *Delwendé*, Napoko, faussement accusée de sorcellerie, est jetée sur le chemin de l'errance qui la mène du village à Ouagadougou. Nous retrouvons aussi l'errance avec le personnage de Karmen qui est une héroïne sans domicile fixe séjournant soit chez Mère Ma Penda, des amis ou avec le vieux Samba. En ce qui concerne Parise dans *Souvenirs encombrants d'une femme de ménage*, son errance se traduit par le fait qu'elle a été pendant longtemps sans domicile fixe à Paris, et changeant de foyer familial à la rencontre avec ses multiples partenaires [157] conjugaux. Ces exemples ci-dessus montrent ainsi que l'errance, par opposition à l'immobilité chez les réalisatrices, constitue un des traits principaux de la représentation de la marginalité au féminin par les réalisateurs. Au-delà de cette distinction, il faut également souligner que l'espace, qu'il soit représenté à travers l'errance ou l'immobilité, reste pour les réalisateurs et les réalisatrices un mode privilégié de marquer la marginalité au féminin.

Outre la marginalité, d'autres thématiques récurrentes des films de réalisatrices couvrent le corps de la femme et le mariage. Ces derniers s'inscrivent dans les thèmes

---

[157] Elle a eu 5 enfants de pères différents avant de se marier pour la première fois à l'âge de 86 ans.

sociaux qui sont perçus comme relevant du discours privé ou de la sphère privée. Des critiques ont été souvent formulées contre toute observation selon laquelle les films des réalisatrices en général traitent principalement de thématiques liées à la sphère privée. Ce sont des critiques auxquelles nous apporterons une réponse plus tard dans cette analyse. Mais d'ores et déjà, nous aborderons en profondeur comment les réalisatrices ouest africaines francophones traitent le corps de la femme.

Tout d'abord, il serait judicieux de donner quelques aperçus sur la représentation du corps de la femme en général et de celle-ci au cinéma en particulier. Dans une perspective religieuse, le corps de la femme est présenté comme le lieu du péché. C'est le péché originel et la tentation qui poursuit l'homme. Le corps de la femme à travers la maternité est source de création parce qu'il donne la vie, mais également lieu de souffrance du fait de l'oppression qu'il subit par l'homme. C'est là une des ambivalences du corps de la femme où joie et souffrance cohabitent. Selon les féministes comme Laura Mulvey et Agnès Varda, la représentation du corps de la femme au cinéma ne reflèterait que le regard masculin qui projette ses fantasmes[158]. C'est ainsi que par exemple Agnès Varda[159], réalisatrice féministe française, fait observer la différence qu'il existe entre un réalisateur et une réalisatrice à propos du traitement du corps de la femme au cinéma. Dans les films des hommes, le corps de la femme serait selon Varda découpé du fait que la caméra ne montre que des parties comme les cuisses, les seins ou

[158] Une position qui soulève la question de la place du corps au cinéma : le corps est-il sujet ou objet de fantasme ? Une interrogation qui dépasse le champ de notre présente recherche.

[159] *De filmer le désir : voyager à travers le cinéma des femmes – Filming Desire: A Journey Through Women's Cinema.*

les fesses. Par ailleurs, la femme serait montrée presque toujours en compagnie d'un homme. Le cinéma féminin par contraste montrerait, selon Varda, l'entièreté du corps de la femme, et cela dans des scènes autres que celles de l'intimité. Pour ce qui a trait aux films africains, le corps nu de la femme est dissimulé ou montré en partie. À cet égard, Alexie Tcheuyap[160] note que "in African cinemas, the framing of the body involves two reoccurring characteristics: the upper part of the female anatomy, considered to be part of the digestive system, is depicted at times in a state of nudity, while the lower part is rarely revealed" (191). Après cet aperçu du cadre général dans lequel s'inscrit le débat sur la représentation du corps de la femme, nous allons examiner la spécificité des réalisatrices ouest africaines en la matière.

La différence dans la représentation du corps de la femme au cinéma telle que présentée par Varda n'est pas perceptible dans les films[161] des réalisateurs et réalisatrices ouest africains francophones. Cela s'explique en grande partie par le tabou qui entoure la sexualité et le filmage du corps nu de la femme de sorte que ceux-ci ne sont que suggérés par contraste au cinéma occidental où ils sont montrés à l'écran. Cependant, le corps de la femme reste un sujet largement traité dans les films des femmes à travers les thématiques de l'excision et du mariage.

Dans leurs films, les réalisatrices présentent l'excision comme une pratique traditionnelle qui porte atteinte à l'intégrité physique de la femme et son droit à disposer de son propre corps. Les argumentaires sanitaire et juridique constituent ainsi le fondement de l'approche féminine de

---

160 *Postnationalist African Cinemas.*

161 A l'exception de *Dakan* et *Mossane* ou, dans des scènes d'intimité, la caméra s'attarde sur les seins nus des personnages de Oumou, Mossane et de sa copine.

l'excision. Anne-Laure Folly et Zara Mahamat Jacoub[162] insistent sur les conséquences de l'excision sur la femme comme lors de l'accouchement et les décès de fillettes à la suite de complications. Si les femmes traitent l'excision sous l'angle sanitaire et juridique en vue de son arrêt, on ne peut pas en dire autant des hommes explorant la même thématique. C'est l'exemple de Moolaadé où Sembène a préféré mettre l'accent sur le drame personnel et communautaire de l'exclusion, et ensuite montrer que la solution à l'arrêt de l'excision est avant tout locale. C'est là donc une différence notable de traitement de l'excision qui pourrait être confirmé ou infirmé dans l'avenir avec l'étude d'autres productions filmiques par des réalisateurs et réalisatrices sur la question.

Outre l'excision, le mariage constitue une thématique où le corps de la femme est traité dans le cinéma au féminin. Là encore, il est montré que la femme mariée n'a aucun droit sur son corps. Une situation qui met la femme dans la précarité avec l'enfantement d'une grande progéniture, ce qui est préjudiciable à son épanouissement personnel et professionnel. Dans le documentaire *En attendant les hommes*, les femmes évoquent l'absence de leur droit à disposer de leur corps. A cet égard, Khady Coulibaly affirme que : "mon corps appartient à Sidi Mohamed. Il l'a acheté avec son argent. Il ne m'appartient pas. Je ne pourrai me réapproprier mon corps que lorsque Mohamed me l'aura restitué. S'il divorce, alors je pourrai en redisposer". Et Massouda de faire remarquer que "celui de l'homme devrait être à la femme, mais ce n'est pas le cas". Nous retrouvons aussi cette question du droit de la femme sur son corps dans *Femmes aux yeux ouverts* à travers les thématiques abordées telles que le mariage

---

[162] Elle a réalisé en 1994 le documentaire *Dilemme au féminin* sur l'excision au Tchad.

forcé de jeunes filles, la pratique du lévirat et le Sida. Le film met en relief le rôle de certaines pratiques culturelles qui non seulement privent la femme du droit à disposer de son corps, mais également la rendent très vulnérable au niveau de la santé.

Ainsi, il ressort de cette analyse que les réalisatrices abordent la thématique du corps de la femme principalement sous l'angle juridique et sanitaire. C'est là un choix motivé par l'opposition des différentes sociales au changement ou à l'arrêt de certaines pratiques. En d'autres termes, il s'agit d'une stratégie qui permet aux réalisatrices d'impulser des changements en tenant compte des réalités socio-historiques du terroir. Notre analyse montre également que la thématique du cinéma au féminin est à dominante sociale comme en témoigne le traitement de l'excision, du corps de la femme et de la marginalité. Ces thématiques sociales comportent certes des aspects ou implications politiques même ces aspects n'ont été pas jusqu'ici présentés comme tels dans notre analyse. Par ailleurs, les films de réalisatrices ouest africaines francophones présentent une grande diversité thématique.

Cette diversité thématique montre bien que les films des femmes vont au-delà des sujets sociaux. C'est là une réponse aux critiques qui considèrent comme un peu réductrice la position selon laquelle la thématique sociale domine le cinéma au féminin. Les questions politiques et économiques bénéficient également d'une attention de la part des réalisatrices. Anne-laure Folly aborde les questions de l'engagement des femmes en politique et celle de leur autonomie financière à travers un examen de la condition féminine au quotidien. En ce qui concerne Nacro, elle choisit, dans *La Nuit de la vérité*, de traiter de la question hautement politique des guerres ethniques en Afrique. Ce qu'il y a de commun dans ce traitement des questions politique et économique par ces réalisatrices, c'est l'intérêt porté d'une part sur l'expérience féminine de la guerre, et d'autre part de la représentation de la femme battante. Par ailleurs, cette diversité thématique touche des domaines jusqu'à présent inexplorés des réalisatrices ouest africaines francophones. C'est le cas par exemple du traitement filmique de la folie par la femme. Le documentaire *Une fenêtre ouverte* de Khady Sylla constitue une parfaite illustration, et nous y reviendrons plus tard dans la partie sur la comparaison entre films de femmes et d'hommes. Si la thématique est une grille de lecture qui permet d'appréhender une certaine spécificité féminine au cinéma, d'autres comme la narration y contribuent également en montrant ce qui constitue la différence du récit féminin par rapport au récit masculin.

2. Récit et personnages féminins

Dans son étude des films de réalisatrices françaises, Anne Gillain note deux principaux traits des récits féminins par contraste aux récits masculins. Il s'agit du traitement de la temporalité à savoir la "faille temporelle" et de la maturité de l'héroïne. Pour ce qui a trait à la "faille temporelle", Gillain affirme que

> les récits masculins classiques évoquent souvent le départ d'un jeune homme qui va acquérir une identité adulte au fil des aventures. Les films de femmes ne reposent pas sur un départ mais sur un retour, retour vers le passé [...] Les scénaristes ont chaque fois besoin de l'énergie générée par cette rupture pour mettre en mouvement le récit. (265)

Départ et retour sont ainsi les concepts clés qui caractérisent respectivement les récits masculin et féminin. La structure du récit masculin peut être comparée, en littérature, au récit du roman d'apprentissage ou

Bildungsroman avec le processus de maturation du héros. C'est une sorte de processus d'initiation auquel le héros est soumis. Le film *Yeleen* de Souleymane Cissé illustre parfaitement cette structure du récit où les aventures de Nianankoro ont conduit, à la fin du film, à sa maturité représentée par le duel avec son père. En ce qui concerne les films des réalisatrices ouest africaines francophones, nous ne pouvons pas affirmer comme Gillain que le récit repose sur un retour du/vers le passé. Il s'agit plutôt dans les films des réalisatrices de récit qui ressemble à une sorte de parcours à obstacle pour la femme dans le présent voire même le futur. L'évocation du passé, si toutefois on y fait allusion, sert à la mise en place du contexte sociohistorique du récit et de la condition féminine. En plus de la "faille temporelle", la maturité de l'héroïne constitue, selon Gillain, une autre spécificité du récit féminin. Mais nous pensons que cette caractéristique constitue un pendant de la première à savoir celle liée au processus de maturation. Pour Gillain,

> les récits masculins épousent presque tous le mouvement d'un processus de maturation. Ce schéma est absent des films féminins. [...] Les femmes possèdent dès le début une pleine maturité et l'épreuve que le récit va leur faire traverser consistera à affronter, pour les rejeter, tous a priori inhérents à une situation de dépendance. (266)

Le récit féminin présenterait une femme déjà mature qui lutte pour s'affirmer face aux attentes sociales souvent stéréotypées de la femme. Les films des réalisatrices africaines montrent effectivement des personnages féminins déjà matures en situation de lutte pour améliorer leur condition de femme.

Ainsi, narration en forme d'exposé[163] des défis posés à la femme et la maturité des personnages dès le début du récit peuvent être considérés comme les traits caractéristiques du récit féminin dans le cinéma ouest africain francophone. Outre la thématique et la narration, l'étude des personnages constitue également une grille de lecture des traits spécifiques du cinéma féminin.

Les personnages offrent une excellente lecture critique du film à travers les liens qui existent entre eux et la représentation qui est faite de ceux-ci. Ce sont les motivations, les contradictions ou les conflits des personnages qui constituent habituellement la trame du récit. Tout d'abord, nous convenons avec Gillain[164] qui soutient que les personnages féminins, dans les films des femmes, sont présentés dans leur réalité complexe et historique par opposition à la femme stéréotypée dans le cinéma classique. En effet, les réalisatrices explorent le personnage féminin sous différents angles autrement que la représentation, par les hommes, de la "femme fatale" ou de la femme dans des rôles secondaires. C'est là une représentation innovante de la femme qu'on retrouve également dans les films de certains réalisateurs. C'est le cas par exemple des films de *Bintou* de Fanta Nacro, *Taafe Fanga* d'Adama Drabo et *Une femme pas comme les autres* d'Abdoulaye Dao.

Ensuite, la révolte et le désir du changement du statut quo caractérisent les personnages féminins dans les films des réalisatrices et certains réalisateurs. La prise de la parole et le rejet du statut quo par les personnages féminin dans les films des réalisatrices se distinguent, selon Gillain, à travers la représentation du foyer familial

---

163 Cela est surtout perceptible dans les documentaires.

164 Op cit, p. 261.

comme un carcan et une "solidarité militante" entre les femmes.

En ce qui concerne le foyer, Gillain affirme que "dans aucun des douze films étudiés, les héroïnes ne sont mariées. Si elles l'ont été, elles se sont empressées de quitter leur mari" (262). Il nous semble que les films étudiés par Gillain présentent une perspective féminine ou féministe de la liberté de la femme qui serait très individualiste et anti-familiale. Nous pouvons légitimement nous demander si la poursuite ou l'expression d'une telle sorte de liberté ne desservirait pas la cause féminine auprès de certains segments de la société. En tout cas dans le cinéma féminin ouest africain francophone, les femmes ne considèrent pas le mariage comme un grand obstacle à leur épanouissement. L'approche adoptée par les femmes consiste à reformer le système de l'intérieur à savoir dénoncer les abus du patriarcat mais elles ne cherchent pas automatiquement le divorce. Le film *Bintou* de Fanta Nacro illustre parfaitement cela avec le personnage principal qui résiste aux pressions de son mari et de l'entourage pour scolariser sa fille. Le personnage de Bintou ne perçoit pas l'option de quitter le foyer comme expression ou moyen d'atteinte de la liberté. Mais peut-être faudrait-il ne pas perdre de vue que le choix de Bintou pourrait être dicté par les attentes de son milieu social. Par ailleurs, prise de la parole par la femme et folie peuvent être souvent liées à la représentation de la révolte féminine. Cette dernière est perçue différemment dans les films des réalisateurs et réalisatrices africains. La femme qui remet en cause le statut quo est présentée comme folle dans les films des réalisateurs comme cela est illustré dans *Sia* et *Moolaadé*. Par contre dans les films des femmes, la femme révoltée n'est pas présentée comme étant folle, mais plutôt comme une agente de changement positif. C'est peut-être là une certaine "solidarité militante" entre femmes.

Générosité et solidarité militante caractérisent, selon Gillain, les rapports entre les personnages féminins tandis que les rapports homme/femme sont marqués par "mariage, maternité et sexualité" (262). Nous remarquons certainement cette solidarité entre femmes dans les films africains qui traitent de la question féminine, et cela est valable indépendamment du genre du réalisateur. *Moolaadé* et *Taafe Fanga* montrent les femmes mobilisées respectivement contre l'excision et pour la prise du pouvoir. Dans *La nuit de la vérité*, Soumari fait preuve d'une grande générosité lorsqu'elle refuse que le commandant Ngové tue Edna, responsable de l'assassinat de son mari Théo. La solidarité entre femmes constitue donc une caractéristique transversale qu'on retrouve dans les films des femmes et des hommes.

Au terme de notre examen des traits spécifiques du cinéma féminin ouest africain francophone, il ressort trois grandes observations. D'abord, la très faible production de films par des femmes ne permet pas de travailler sur un corpus large et diversifié, d'où grande la difficulté souvent d'arriver à des conclusions fermes sur la spécificité de la narration et des personnages féminins dans les films des réalisatrices. Ensuite, la marginalité reste la thématique transversale dans le cinéma féminin. Cette marginalité est abordée sous les angles socio-économique et politique avec en filigrane l'oppression de la femme par l'homme. La représentation cinématographique de l'espace apporte une dimension souvent symbolique entre l'espace privé qui serait réservé aux femmes et l'espace public censé être le domaine exclusif des hommes. En outre, la représentation innovante de la femme est plus perceptible dans les films faits par des réalisateurs[165] tandis que les films féminins mettent l'accent sur l'examen de la condition féminine. Les réalisatrices [166] présentent rarement dans leurs films la femme forte qui tranche avec l'image de la femme victime ou opprimée. Elles restent plutôt dans une démarche de diagnostic de la situation et de dénonciation à travers la prise de parole.

Mais il convient de souligner qu'au-delà de la question féminine, il existe une diversité dans les thématiques traitées par les réalisatrices. Ce serait réducteur de ramener production de ces dernières uniquement à la question féminine. *Une fenêtre ouverte*, un documentaire sur la folie, constitue une illustration de cette diversité dans le traitement thématique par les femmes. C'est ainsi que nous ferons une étude comparative du traitement filmique de la folie par les réalisatrices et les réalisateurs ouest africains francophones.

C. Étude comparative des cinémas aux féminin et masculin : le cas de la folie

Le nombre et la qualité de la production cinématographique ouest africaine francophone permettent plusieurs pistes de comparaison possible, sous différents angles, entre les films des réalisatrices et des réalisateurs. Ainsi par exemple, une étude pourrait être menée sur la thématique de la folie comme conséquence de la guerre dans *La nuit de la vérité* de Fanta Nacro et *Camp de*

---

[165] *Faat Kiné*, *Moolaadé*, *Taafe Fanga* ou *Une femme pas comme les autres*.

[166] À l'exception de *Bintou* de Nacro et de *Femmes aux yeux ouverts* avec l'exemple le rôle des Maliennes dans la marche du 15 mars 1991.

Thiaroye de Sembène Ousmane. Une autre comparaison possible serait le traitement de l'excision entre *Femmes aux yeux ouverts* d'Anne-Laure Folly et *Moolaadé* de Sembène Ousmane. Mais nous avons choisi de comparer *Une fenêtre ouverte* et *Sia, le rêve du python* sur la thématique de la folie pour deux raisons principales. *Une fenêtre ouverte* est le premier film d'une réalisatrice ouest africaine francophone qui est entièrement consacré à la folie, tandis que *Sia* reste jusqu'à maintenant un des films de fiction où le personnage du fou est exploré en profondeur. Notre étude comparative va s'articuler autour des notions d'errance et d'enfermement. Premièrement, nous montrerons en quoi l'enfermement caractérise le personnage de la folle dans le cinéma au féminin, tandis que le fou est reconnaissable comme étant un personnage errant dans le cinéma au masculin. Deuxièmement, nous établirons une comparaison entre l'enfermement dans le contexte africain et celui occidental à travers le film *La moindre des choses* de Nicolas Philibert.

L'enfermement et l'errance constituent non seulement deux approches antinomiques de prise en charge de la folie au niveau institutionnel ou social, mais aussi deux différentes représentations de la folie dans le cinéma ouest africain francophone. La représentation iconique de l'espace, à travers l'enfermement et l'errance, est au centre du traitement de la folie au cinéma. Si l'enfermement renvoie à l'immobilité ou à un point de repère fixe, l'errance fait référence à un déplacement dans l'espace sans but apparent. C'est pourquoi par exemple, "contrairement à la marginalité qui renvoie à un lieu fixe, un centre opposé à la périphérie, l'errance renvoie à un espace ouvert ou s'effectue la déambulation sans but précis de l'errant" (Kane 40). L'enfermement et l'errance sont des signes qui dénotent de la folie des personnages dans respectivement *Une fenêtre ouverte* et *Sia, le rêve du python*. Aminata Ngom reste, sous l'ordre de sa famille, enfermée à la maison et ses rares sorties sont effectuées en compagnie de Khady qui représente son seul lien avec l'extérieur. Cette image de la folle enfermée contraste avec la liberté totale de mouvement et d'expression dont jouit le personnage de Kerfa dans *Sia*. L'association de la femme à l'immobilité et l'image dérangeante de la folie dans la société sont deux pistes d'analyse qui peuvent rendre compte de la différence dans la représentation de la folie par la réalisatrice et le réalisateur.

L'enfermement de la folle ou de la femme perçue comme telle procède de la représentation de la femme en général dans le cinéma africain. La femme, dans sa représentation, est toujours associée à un élément fixe à savoir un domicile. A cet égard, une femme dans *Femmes aux yeux ouverts*, affirme que la femme, bien que majeure, est traitée comme une mineure qui passe directement du domicile des parents à celui du mari. Ce qui ressort ici, c'est la délimitation de l'espace d'action et de vie de la femme à uniquement l'espace privé. Par contre, l'homme est libre de tout déplacement entre l'espace privé et public. Une liberté de mouvement de l'homme qui est perceptible dans l'errance du fou alors que la folle doit être soumise au silence et être surveillée. Dans *Une fenêtre ouverte*, Khady attire l'attention du spectateur sur la vie de réclusion à laquelle Aminta Ngom est soumise : "tu es enfermée dans cette cours, bouche close, oreille vide, tu jettes les regards de travers de l'autre côté, du côté des vivants". Ainsi, l'enfermement de la folle peut s'expliquer par l'association de la femme à un lieu fixe.

La folie de la femme étant deux fois dérangeante, l'isolement devient un moyen de censure ou de contrôle de celle-ci. Le caractère doublement dérangeant de la folie féminine émane d'une part d'une prise de parole qui échapperait à la censure sociale, et d'autre part de la pénétration dans l'espace public au-delà de l'espace privé (foyer, maternité) où on veut la maintenir. L'exemple déjà cité[167] des personnages de Kerfa et de Sia montre bien la différence de perception et d'attitude de la population à l'égard de la folie s'agissant d'un homme ou d'une femme. La folie de l'homme est perçue comme étant moins dangereuse que celle de la femme, d'où l'exil auquel est contrainte Sia alors que Kerfa vivait dans la communauté. L'association de la femme à un point d'ancrage précis et la perception de la folie de la femme comme étant doublement dérangeante sont deux arguments qui sous-tendent l'enfermement comme caractéristique de la représentation filmique de la folie chez la femme. Le choix d'une telle représentation par les réalisatrices africaines répond à deux raisons principales. Premièrement, l'Autre est un miroir dans lequel nous pouvons nous voir ; en d'autres termes l'Autre nous renvoie notre propre image. À ce propos, Khady Sylla, réalisatrice de *Une fenêtre ouverte* disait que “ce chemin vers toi [Aminta Ngom] me ramène vers moi”. Un pas vers la découverte de soi sous l'angle de l'altérité qui suscite souvent la peur et l'incompréhension parce que

> tu te regardes dans un miroir brisé. Tu vois des morceaux de ton visage. Ton visage est en miettes et celui qui te regarde dans le miroir brisé voit des morceaux d'images de ton visage. Lequel d'entre vous arrivera à reconstituer le puzzle ? Peut-être n'êtes-vous pas du même côté du miroir ? (Khady)

Deuxièmement, à travers l'enfermement se lit aussi la condition féminine qui est marquée par l'oppression. La femme est non seulement surveillée dans ses déplacements

[167] Premier chapitre.

hors du foyer, mais aussi limitée dans ses droits basiques comme celui de la liberté d'expression.

L'enfermement et l'errance apparaissent ainsi comme deux traits distinctifs dans la représentation du fou dans le cinéma africain francophone. L'enfermement constitue un point de similarité entre la figure de la folle dans les films de réalisatrices africaines et la figure du fou dans le cinéma occidental. *Une fenêtre ouverte* et *La Moindre des choses*[168] sont des exemples qui illustrent cette similarité.

Dans les deux films, l'enfermement du fou est présenté comme une démarche qui répond à des raisons sécuritaires, de réinsertion sociale et de préserver l'image de la famille dans certains cas. Le fou est perçu comme une menace à la société, et sa mise en quarantaine permettrait de contenir cette menace. C'est pourquoi, les pensionnaires de la clinique psychiatrique de La Borde dans le film de Philibert ne sont pas autorisés à quitter le périmètre de la clinique tout comme Aminata Ngom qui reste enfermée dans la cour familiale. Mais dans le cas d'Aminta Ngom, c'est sa propre sécurité qui est souvent mise en avant par sa famille pour justifier son enfermement. Selon la mère et la fille d'Aminata Ngom, cette dernière achèterait des médicaments de la rue lorsqu'elle sort seule, une situation qui pourrait aggraver son état de santé. Mais lorsque nous examinons l'argument sécuritaire en profondeur, nous nous apercevons qu'il comporte d'une part des non-dits dans le cas d'Aminta Ngom, et d'autre part un plaidoyer pour la réforme du système de prise en charge des malades mentaux. Même s'il n'est pas explicitement mentionné

[168] Un documentaire qui fait découvrir les pensionnaires et le personnel soignant de la clinique psychiatrique La Borde dans leur quotidien et surtout à travers les séquences de répétition d'une pièce de théâtre.

dans *Une fenêtre ouverte*, le spectateur aperçoit qu'il existe un certain stigma liée à la folie que chaque famille ne voudrait pas voir son nom y être associée. Aminta Ngom a été divorcée par ex-mari lorsque celui-ci a été informé par un frère d'Aminta que cette dernière était une malade mentale. Nous pouvons nous interroger sur la raison réelle d'un divorce tardif[169] par l'ex-mari si ce n'est que pour prévenir le stigma que la folie d'Aminta porterait à sa famille lorsque tout l'entourage ou le quartier en aurait eu connaissance. En ce qui concerne *La Moindre des choses*, le film invite à une sérieuse réflexion qui dépasse la traditionnelle classification de "normaux" et de "marginaux". La représentation théâtrale d'un texte de Gombrowicz par les pensionnaires, et leur implication dans les activités de la cuisine et du standard de la clinique sont des actes qui militent en faveur d'une reconsidération de l'altérité autrement qu'à travers une perception de dangerosité et d'étrangeté que susciterait l'Autre. Peut-être partageons-nous beaucoup plus de choses qu'il n'y paraît à première vue.

Au terme de cette étude comparative des cinémas au féminin et au masculin sur la folie, il ressort clairement deux traits caractéristiques de représentation de la figure du fou dans les films ouest africains francophones. L'enfermement constitue la spécificité de la présentation du personnage de la femme folle dans le cinéma au féminin, une caractéristique qui est aussi perceptible dans le traitement de la folie en général dans le cinéma occidental. Par contre, l'homme fou est présenté comme un personnage errant dans les films africains qu'ils soient

---

[169] Considérant qu'Aminta avait déjà eu deux enfants avec lui et avait ces troubles mentaux depuis plus de 25 ans.

de réalisateur ou de réalisatrice[170]. L'enfermement comme dispositif de prise en charge du fou fait penser à la naissance de la prison moderne comme présentée par Michel Foucault dans *Surveiller et punir* où il montre qu'on ne plus châtie le corps par des supplices physiques mais plutôt l'âme avec la privation de liberté. Tout cela est fait avec une visée correctrice pour une éventuelle réinsertion de l'individu dans la société. A propos de l'enfermement, Foucault affirme qu'"en somme, on inverse le principe du cachot ; ou plutôt de ses trois fonctions – enfermer, priver de lumière et cacher – on ne garde que la première et on supprime les deux autres" (202). Mais nous constatons que dans le cas de la figure de la folle dans le cinéma ouest africain francophone, toutes les fonctions du cachot continuent d'exister à l'exception de la seconde.

[170] Par exemple, le personnage de Tomoto est errant dans le film *La Nuit de la vérité* de Fanta Nacro.

CONCLUSION

Cette réflexion nous a permis d'abord d'examiner la perception et la représentation de l'homosexualité et de la folie dans le contexte africain, et ensuite d'explorer une représentation innovante de la femme. L'homosexualité reste, malgré les efforts des homosexuels pour la faire accepter auprès des autres, une pratique tabou et rejetée par les populations à cause essentiellement de la primauté accordée à la fonction reproductive de la sexualité. Présentés souvent comme des marginaux, et considérés comme souffrant d'une certaine déficience mentale, les homosexuels partagent des similarités avec le personnage du fou dans les films même si celui-ci est moins ostracisé que l'homosexuel. Il existe une grande distinction entre la folie de l'homme et celle de la femme. Cette dernière, à propos de la prise de la parole, est montrée comme inacceptable d'où l'enfermement qui caractérise sa représentation, alors que celle de l'homme semble être tolérée dans un moindre degré avec l'errance. Pour ce qui a trait à l'image de la femme battante, nous pouvons parler de réappropriation historique en ce qu'elle montre que la femme n'a pas toujours été à la périphérie à savoir une composante sociale sans pouvoir réel. La centralité de la position de la femme peut se vérifier historiquement à différents niveaux et fonctions dans les sociétés africaines. Ainsi, nous assistons à un autre type de "réappropriation du regard"[171] pour redéfinir l'image de la femme.

A l'issue de cette étude, nous pouvons faire plusieurs remarques sur la rupture qui est perceptible dans la production cinématographique ouest africaine après 1990, et l'attention particulière portée aux sujets marginaux et à la représentation innovante de la femme. D'une manière

[171] Expression de Olivier Barlet.

générale, la rupture opérée à partir des années 1990 consacre, au plan thématique, la décadence de la critique coloniale, et la remise en cause du néo-réalisme comme esthétique d'un cinéma engagé à travers des cinéastes qui se sentaient investis d'une mission [172] de libération politique et culturelle du continent africain. C'est aussi le cas de la visée didactique présente dans les films de l'époque qui est désormais sur une pente déclinante. Cependant, il faut souligner la survivance[173] d'un certain engagement sous d'autres formes à travers la prise de parole de certains groupes sociaux. Ce qui ressort des films de 1990 à 2005, c'est d'une part la diversité thématique et esthétique de la production filmique, et d'autre part l'impact de la globalisation et des nouvelles technologies sur le financement, la production et la distribution des cinémas africains. La marginalité et la représentation de la femme illustrent bien cette diversité susmentionnée mais également renseignent sur la société par effet de jeu de miroir.

La diversité thématique se traduit par un examen profond de la société au-delà des sujets récurrents qui opposent modernité [174] et tradition pour inclure par exemple des thématiques explorant le rapport de l'individu au groupe, et des tabous comme l'homosexualité dans les sociétés africaines. C'est un passage du discours engagé

---

[172] A cet égard, Teuchyap parle de construction de la Nation ou de l'Etat-Nation à laquelle œuvraient les cinéastes africains à travers la FEPACI.

[173] Manthia Diawara évoque l'héritage de Sembène qui est encore perceptible dans les films d'après 1990 même si la tendance est au dépassement du cinéma promu par celui-ci.

[174] Dont la définition reste très floue et sujet à controverse car la modernité est très souvent associée à l'Occident.

sur l'Afrique perçue comme entité politique homogène vers une diversification du discours filmique qui met l'accent davantage sur l'individu dans sa spécificité, son quotidien et sa quête d'une reconnaissance par la communauté. C'est là tout le sens que porte le discours sur la marginalité à travers les figures du fou et de l'homosexuel dans les films ouest africains francophones. Le grand nombre de films sur la condition de la femme et la production croissante de films par des réalisatrices offrent ainsi différentes grilles de lecture.

Les homosexuels sont présentés comme étant l'objet d'ostracisme du fait de la perception de leur orientation sexuelle comme étant contre-nature, et de l'absence d'une fonction reproductive de cette sexualité. Les homosexuels recherchent, à travers la prise de parole et diverses initiatives, la reconnaissance de leur dignité et la tolérance à l'égard de leur orientation sexuelle. Des revendications qui sont pour le moment loin de celles portées par les mouvements gay dans les pays occidentaux où il est régulièrement question du droit au mariage, à l'adoption d'enfants et d'héritage en cas de décès du partenaire. En ce qui concerne le personnage du fou dans les films ouest africains francophones après 1990, il ne s'inscrit nullement dans le contexte d'un plaidoyer[175] pour une meilleure prise en charge des malades mentaux. Mais c'est plutôt la liberté de ton et le côté visionnaire traditionnellement associés au personnage du fou qui sont mis en exergue comme moyens de contournement de l'oppression et dispositif narratif. Dans ces deux cas de figures de marginalité à savoir l'homosexuel et le fou, nous sommes en présence d'une résistance et d'un désir de changement face à un discours dominant.

---

[175] *Une fenêtre ouverte* fait exception du fait de la présentation de la folie sous l'angle clinique et psychologique de la maladie.

Les exemples des personnages de l'homosexuel et du fou permettent également de répondre à deux interrogations sur l'image de l'Autre à savoir si elle est une construction qui s'élabore dans une relation ou s'agit-il d'un produit de l'imaginaire. D'abord, l'Autre est généralement une construction qui s'élabore dans une opposition binaire. C'est le cas des homosexuels qui sont opposés aux hétérosexuels ou des fous comparés aux "normaux". Cette opposition binaire est perceptible dans la réalité à travers la marginalisation spatiale et les actes de rejet dont l'Autre est l'objet. Ensuite, les représentations de l'Autre à travers les stéréotypes et les clichés montrent que le fondement de celles-ci est imaginaire. En d'autres termes, ce sont des représentations qui tirent plus leurs fondements dans l'expérience personnelle de l'individu et l'imaginaire collectif que dans la réalité intrinsèque des groupes minoritaires concernés. Enfin, nous pouvons déduire de ce qui précède que l'image de l'Autre est le résultat d'un produit imaginaire. Cependant, il est important de faire trois constats majeurs à propos de la représentation de la marginalité au cinéma.

Premièrement, la représentation filmique de la marginalité peut bien servir de grille de lecture aux questions d'identité, de relation de pouvoir, et d'intégration au sein d'un groupe donné. A cet égard, Beugnet affirme que "lorsqu'on prend en considération le cinéma d'un pays en particulier, les représentations de la marge et de la marginalité sont indicateurs fondamentaux de la manière dont l'identité nationale se définit, mais aussi des tensions et des angoisses qui habitent une société et une culture particulière à un moment donné" (42). C'est en quelque sorte le reflet d'une société à une certaine période de son existence.

Deuxièmement, le cinéma ouest africain francophone post 1990 montre à la fois une représentation et une expérience de la marginalité à travers les figures de l'homosexuel et du fou. Le film *Woubi Chéri* montre par exemple l'expérience homosexuelle dans le contexte d'une grande ville africaine comme Abidjan. Ce sont des homosexuels, des bisexuels et des transgenres qui vivent dans la clandestinité[176] tout en œuvrant par des initiatives collectives pour se faire accepter dans la société. Pour ce qui a trait à la figure du fou par exemple dans *Sia*, il s'agit d'une représentation du visionnaire et du résistant qui se met au service de l'intérêt général de la communauté, devenant ainsi son porte-parole. Ce que ces personnages du fou et de l'homosexuel nous enseignent sur les sociétés ouest africaines d'après 1990, ce sont les aspirations de certaines couches à plus de liberté, de tolérance à l'égard de la différence et d'épanouissement pour l'individu. Par ailleurs, la représentation de la marginalité et celle innovante de la femme impliquent des choix esthétiques et un certain type de discours ; ce sont autant d'éléments qui permettent de mieux appréhender des aspects du langage filmique des années 1990 à 2005.

Troisièmement, le mythe, la comédie et la représentation iconique de l'espace sont des éléments qui dominent le langage filmique sur la femme et les marginaux. Le mythe sert de moyen de retour dans le passé [177] pour apporter une autre perspective sur la condition féminine dans les sociétés africaines. Un passé qui regorge de preuves de l'existence d'un décalage entre la place réelle et le pouvoir de la femme, et la perception

---

[176] A cet égard, un gay dans le film comparait leur communauté à celle-ci des chauves-souris qui ne sortent qu'à la tombée de la nuit.

[177] Ceci est différent du retour aux sources qui présente un passé africain glorieux et parfait dans la tentative d'administrer la preuve que l'Afrique avait bien une histoire, une identité et une organisation politique avant la pénétration coloniale.

actuelle de celle-ci comme étant soumise et victime. Tout comme le mythe, la comédie, à travers l'humour, est mise à contribution par les cinéastes pour une nouvelle représentation de la femme africaine. Dans le cas du mythe et de la comédie, la femme est représentée en situation de pouvoir et assumant des rôles qui sont associés à l'homme selon le contexte socio-culturel. Les films *Taafe Fanga*, *Une femme pas comme les autres* et les séries télé montrent bien ce recours fréquent au mythe et à la comédie [178] par les cinéastes ouest africains francophones à partir des années 1990. Pour ce qui a trait à l'espace, sa représentation se révèle être un outil pour contraster deux univers et marquer l'identité de l'individu ou son appartenance à un groupe social donné. C'est une représentation iconique de l'espace qui consacre la distinction entre espace privé et public, et la séparation entre espace interdit et ouvert. Les films sur l'homosexualité et la folie ou impliquant des personnages de fou sont ainsi souvent construits autour de cette dualité dans la représentation de l'espace traduisant ainsi deux mondes antagonistes.

Pour ce qui est de l'altérité innovante, l'objectif principal consiste, à travers une différente représentation, à rendre justice à une image dégradée de la femme qui n'est pas très souvent conforme à la réalité de la place et rôle de celle-ci dans sa communauté. La mise en discours de cette altérité innovante procède de trois façons, et cette distinction n'est pas toujours linéaire surtout dans certains films où ces trois façons sont combinées pour une optimisation de l'effet escompté ou selon le style du

[178] Il faut cependant reconnaître que la comédie est un genre qui était déjà présent avant 1990 dans la cinématographie ivoirienne à travers les œuvres de cinéastes comme Henri Duparc. Malgré la prédominance de ce genre dans la production ivoirienne, il existe très peu de recherches académiques sur ce sujet.

réalisateur. Les trois dispositifs de mise en discours de l'altérité innovante sont les suivants : irresponsabilité des hommes, opposition intergénérationnelle entre femmes et référence aux grandes figures féminines.

Des hommes irresponsables : il s'agit de disqualifier des hommes comme irresponsables à cause de leur comportement ou attitude vis-à-vis de la femme et de leurs obligations conjugales. Dès lors que l'homme est présenté comme n'assumant pas ses responsabilités, c'est la femme qui prend la relève en se montrant entreprenante et persévérante. C'est l'exemple du personnage de Bintou qui n'abdique pas en dépit de la farouche opposition de mari Abel à son petit commerce alors que ce sont les revenus de la vente du mil germé qui entretiennent la famille et vont payer la scolarité de leur fille.

Une opposition intergénérationnelle qui met en scène des femmes où la vieille génération est présentée comme le mauvais exemple contrairement à la nouvelle génération qui incarne les valeurs du progrès et du compromis. C'est le cas des personnages de Kouni et de Timbé dans *Taafe Fanga* qui montrent deux visions opposées de ce qui constitue l'émancipation et l'épanouissement de la femme.

Nous avons aussi la référence aux grandes figures féminines dont les exploits et les sacrifices sont célébrés et cités en exemple. C'est l'histoire d'héroïnes, de résistantes ou de reines qui constitue une source d'inspiration pour la lutte des femmes. Les films *Karmen Geï* et *Femmes aux yeux ouverts* consacrent une place importante à ces grandes figures.

Les trois dispositifs susmentionnés de mise en discours de l'altérité innovante nous éclairent davantage sur le traitement filmique de la thématique. D'autres aspects renseignent aussi au sujet de cette altérité innovante au cinéma. C'est ainsi que nous notons que ce soit le genre fiction ou le documentaire, l'humour, le burlesque et la satire dominent le langage filmique de l'altérité innovante. C'est une comédie qui tire ses racines de la culture de sensibilisation par le rire qui est véhiculée par le Koteba et le théâtre de développement en Afrique de l'Ouest. Cela constitue d'ailleurs une des raisons qui expliquent la présence massive de comédiens de théâtre au cinéma dans les pays comme le Burkina Faso, la Côte-d'Ivoire ou le Mali. En outre, examiner l'altérité innovante, c'est aussi voir comment la femme se sert du medium filmique pour véhiculer un imaginaire ou des idées, d'où l'étude de la sensibilité féminine dans l'expression artistique.

Pour notre part, la prise du pouvoir par la femme se dessine clairement sur le plan économique avec les femmes entrepreneures ou celles très actives dans le petit commerce. C'est cette prise graduelle du pouvoir économique qui va accélérer le changement de mentalité sur le rôle et la place de la femme dans les communautés ouest-africaines. Cependant, le changement de l'image et de la condition de la femme ne sera une réalité qu'à travers une scolarisation massive des jeunes filles et l'engagement encore plus accru des femmes dans le domaine politique. Ce qui est important à noter ici est qu'une nouvelle dynamique est enclenchée, et c'est maintenant aux femmes d'imprimer le rythme et l'ampleur des progrès qu'elles souhaitent réaliser.

Pour ce qui a trait aux mutations discursives et esthétiques observées dans les cinémas francophones ouest-africains post 1990, nous constatons une réelle volonté et flexibilité des réalisateurs à s'adapter au contexte de la mondialisation et au développement des nouvelles technologiques notamment celles numérique et vidéo. Cependant, les instances de reconnaissance et promotion des cinémas africains comme le Fespaco n'ont pas encore pris suffisamment en compte les changements susmentionnés. Les films tournés ou convertis en 35mm restent la norme non-écrite pour prétendre remporter le prix de l'Etalon Yennenga. De même, les critiques des cinémas africains relèguent au second plan les vidéo-films ou les séries télé. Les instances de promotion des cinémas africains et les critiques doivent intégrer les changements discursifs et esthétiques post 1990 dans leurs actions parce nous sommes convaincus que l'avenir des productions africaines sera défini par la vidéo, le numérique, internet et les réseaux sociaux en ligne.

Cette conclusion montre donc, à travers l'examen de l'altérité dérangeante et innovante, les changements thématiques et esthétiques intervenus dans le cinéma ouest africain francophone à partir des années 1990. Ces changements peuvent non seulement constituer une grille de lecture de la situation de la société durant cette période, mais également informent sur l'évolution du cinéma africain dans ses pratiques. Le présent travail ne constitue qu'un pas dans cette direction et d'autres recherches seront nécessaires pour explorer certains changements perceptibles dans cette production cinématographique après 1990. C'est le cas par exemple des vidéo-films et des séries télé qui d'une part sont techniquement et financièrement plus faciles à produire, et d'autre part disposent de son public africain du fait de son accessibilité[179] et du sentiment de proximité que suscitent pour le public les thématiques abordées.

[179] En plus des canaux traditionnels de distribution quc sont les salles de cinéma et la télévision, le spectateur africain a maintenant la possibilité de regarder les vidéo-films et les séries télé à la maison grâce à son lecteur DVD, sur internet ou peut-être même sur son téléphone portable.

BIBLIOGRAPHIE

Aas-Rouparis, Nicole. "Conversation avec Sembène". *The French Review* 75.3(February 2002) : 572-583. Print.

Adiaffi, Jean-Marie. *La Carte d'identité*. Paris : Éditions Hatier Internationale, 2002. Print.

Ahlberg, Beth Maina. "Is There a Distinct African Sexuality? A Critcal Response to Caldwell". *Africa Journal of the International African Institute* 64.2 (1994) : 220-242. Print.

Ba, Amadou Hampaté. *Kaydara*. Abidjan-Dakar: Les Nouvelles Éditions Africaines, 1978. Print.

Bâ, Mariama. *Une si longue lettre*. Paris : Serpent à plumes, 2001. Print.

Barel, Yves. *La marginalité sociale*. Paris : Presses Universitaires de France, 1982. Print.

Barlet, Olivier. *Les cinémas d'Afrique noire: Le regard en question*. Paris, Québec : L'Harmattan, 1996. Print.

---. "À propos de Tasuma, le feu", entretien avec Daniel Kollo Sanou, www.africultures.com, 26 octobre 2010.

---. "La représentation de la femme dans les cinémas d'Afrique noire". www.africultures.com, 21 avril 2011.

Barry, Alcény Saidou. *Pour une autre critique de cinéma*, www.lefaso.net, 24 juin 2010

Beattie, John. "Review: Representations of the Self in Traditional Africa". *Journal of the International African Institute* 50.3(1980) : 313-320. Print.

Bellour, Raymond. "The Pensive Spectator". *Wide Angle* 9.1(1987) : 6-10. Print.

Berton, Mireille. “Regard sur la folie : poétique et politique de la folie dans le cinéma”. *Décadrages* 18 (printemps 2011) : 47-68. Print.

Beugnet, Martine. *Marginalité, sexualité, contrôle dans le cinéma français contemporain.* Paris: L’Harmattan, 2000. Print.

Biaya, Tshikala Kayembe. “Les plaisirs de la ville: masculinité, sexualité et féminité à Dakar (1997-2000) ”. *African Studies Review* 44.2 (Sep. 2001) : 71-85. Print.

Bicaba, Ismaël. *Cinéma d’auteur, cinéma populaire: Un même métier, deux visions différentes*, www.lefaso.net du 9 juillet 2010

Biraogo, Diop. *Les contes d’Amadou Koumba.* Dakar : Présence africaine, 1961. Print.

Blais, Melissa et Francis Dupuis-Déri. ed. *Le Mouvement masculiniste au Québec: l’antiféminisme démasqué.* Montréal : Les Editions du remue-ménage, 2008. Print.

Bonardi, Christine et Nicolas Roussiau. *Les Représentations sociales.* Paris : Les Topos, 1999. Print.

Boni, Tanella. *Que vivent les femmes d’Afrique?* Paris : Panama, 2008. Print.

Borillo, Daniel. *L’Homophobie.* Paris: Presses Universitaires de France, 2000. Print.

Boto, Eza. *Ville cruelle.* Paris : Présence Africaine, 1971. Print.

Bozon, Michel et Henri Leridon. “Les constructions sociales de la sexualité”. *Population* 48.5 (sept.-oct. 1993): 1173-1195. Print.

Brahimi, Denise. *Cinémas d’Afrique francophone et du Maghreb.* Paris : Nathan, 1997. Print.

Breschand, Jean. *Le Documentaire: L'Autre face du cinéma*. Paris : Les Cahiers du cinéma, 2002. Print.

Brown, Jill, James Sorell et Marcela Rafaelli. "An Exploratory Study of Construction of Masculinity, Sexuality and HIV/AIDS in Namibia, Southern Africa" *Culture, Health & Sexuality* 7.6(Nov. - Dec., 2005) : 585-598. Print.

Buffon. *Histoire naturelle*. Paris : Gallimard, 1981. Print.

Camara, Laye. *L'Enfant noir*. Paris: Plon, 1954. Print.

Carroll, Noël. *Mystifying Movies*. New York : Columbia University Press, 1988. Print.

Cazenave, Odile. Femmes Reblles : *Naissance d'un nouveau roman africain au féminin*. Paris : L'Harmattan, 1996. Print.

Charlebois, Janik Bastien. "L'homophobie sournoise dans l'idéal masculin des masculinistes". Blais, Melissa et Francis Dupuis-Déri. ed. *Le Mouvement masculiniste au Québec: l'antiféminisme démasqué*. Montréal : Les Editions du remue-ménage, 2008, 127-144. Print.

Chevalier, Jean et Alain Gheerbrant. *Dictionnaire des symboles*. Paris : Robert Laffont/Jupiter, 1982. Print.

Colvile, Georgiana."Mais qu'est-ce qu'elles voient? Regards de Françaises à la caméra". *The French Review* 67.1(Oct 1993) : 73-81. Print.

Cutrufelli, Maria Rosa. *Women of Africa: Roots of Oppression*. Trans. Nicolas Romano. London: Zed P, 1983. Print.

Da Silva, Meyre Ivone. "African Feminists Towards the Politics of Empowerment" *Revista de Letras* 44.2(Jul-Dec 2004) : 129-138. Print.

Ekoto, Frieda. “Femmes cinéastes d’Afrique et des Caraïbes: le dur désir de créer dans un monde effarant”. *Notre Librairie* (L’engagement au féminin) 172 (jan-mars 2009) : 35-41. Print.

Ellerson, Beti. “Visualizing Homosexualities in Africa-*Dakan*: An Interview with Filmmaker Mohamed Camera”. Ouzgane, Lahoucine et Robert Morrell. ed. *African Masculinities: Men in Africa from the Late Nineteenth Century to the Present.* New York, Scottsville : Palgrave Macmillan, University of KwaZulu-Natal Press, 2005. Print.

Ethis, Emmanuel. *Sociologie du cinéma et de ses publics : Domaines et approches*. 2e ed. Paris: Armand Colin, 2009. Print.

Ferguson, Russel et al. ed. *Out There: Marginalization and Contemporary Cultures*. Cambridge, MA : MIT Press, 1995. Print.

Foucault, Michel. *Histoire de la sexualité: l’usage des plaisirs*. Paris: Galimard, 1984. Print.

---. *Surveiller et punir: Naissance de la prison.* Paris : Gallimard, 1975. Print.

Frindéthié, K. Martial. *Francophone African Cinema: History, Culture, Politics and Theory*. Jefferson, NC : McFarmland, 2009. Print.

Gardies, André. *Cinéma d’Afrique noire francophone: L’espace-miroir*. Paris: L’Harmattan, 1989. Print.

Gillain, Anne. “L’imaginaire féminin au cinéma” *The French Review* 70.2(Déc. 1996) : 259-270. Print.

Gondola, Didier. *Villes miroirs : migrations et identités urbaines à Kinshasa et Brazzaville, 1930-1970*. Paris : L’Harmattan, 1996. Print.

Guzik, Elizabeth. “The Queen Sort of Fandom for *Heavenly Creatures*: The Closted Indigene,

Lesbian Islands, and New Zealand National Cinema" (47-61). Hawley, C. John. ed. *Postcolonial and Queer Theories: Intersections and Essays*. Westport, CT : Greenwood P, 2001. Print.

Haffner, Pierre. *Essai sur les fondements du cinéma africain.* Abidjan-Dakar: Les Nouvelles Éditions Africaines, 1978. Print.

Hall, Stuart. "Cultural Identity and Cinematic Representations". Cham, Mbye. ed. *Ex-Iles: Essays on Carribean Cinema*. Trenton, NJ : Africa World P, 1992. Print.

Harrow, W. Kenneth. "What an Old Man Like Doing with a Saignante Like Me". Falola, Toyin and Fallou Ngom. ed. *Facts, Fiction, and African Creative Imaginations*. New York, London : Routledge, 2010. Print.

---. *Postcolonial African Cinema: From Political Engagement to Postmodernism*. Bloomington : Indiana U P, 2007. Print.

---. ed. *With Open Eyes: Women and African Cinema*. Amsterdam, Atlanta : Editions Rodopi, 1997. Print.

Jodelet, Denise. *Folies et représentations sociales*. Paris : Presses Universitaires de France, 1989. Print.

Kane, Cheikh Hamidou. *L'Aventure ambiguë*. Paris : Julliard, 1961. Print.

Kane, Momar Désiré *Marginalités et errance dans la littérature et le cinéma africains francophones : Les Carrefours mobiles*. Paris : L'Harmattan, 2004. Print.

Labouret, Henri. "Situation matérielle, morale et coutumière de la femme dans l'Ouest africain"

Africa : Journal of the International African Institute 13.2 (April 1940) : 97-124. Print.

Lô, Fatma Saliou et Samba Oumar Fall. "Près de deux siècles après le suicide des femmes: Nder, un devoir de mémoire". *Le Soleil* du 13 mai 2008. www.seneweb.com 30 juillet 2010.

Mannoni, Pierre. *Les Représentations sociales*. 4e ed. Paris : Presses Universitaires de France, 2006. Print.

Mendès-Leite, Rommel. *Le Sens de l'altérité : Penser les (homo)sexualités*. Paris : L'Harmattan, 2000. Print.

Meyer, Birgit. "Religious Remediations: Pentecostal Views in Ghanaian Video-Movies". *Postscripts* 1.2 / 1.3(2005) : 155-181. Print.

Migraine-George, Thérèse. "Beyond the 'Internatlist' vs 'Externalist' Debate: The Local-global Identities of African Homosexuals in two films, *Woubi Chéri* and *Dakan*". *Journal of African Cultural Studies* 16.1(June 2003) : 45-56. Print.

Molinier, Pascal. *Images et Représentations sociales : De la théorie des représentations à l'étude des images sociales*. Grenoble : Presses universitaires de Grenoble, 1996. Print.

Moscovici, Serge. *La Psychanalyse, son image, son public*. 2e ed. Paris : PUF, 1976. Print.

Mulvey, Laura. "Looking at the Past from the Present: Rethinking Feminist Film Theory of the 1970s". *Signs* 30.1 (Autumn 2004) : 1286-1292. Print.

---. "Visual Pleasure and Narrative Cinema" *Screen* 16.3 (autumn 1975) : 6-18. Print.

Murray, O. Stephen, et Will Roscoe. ed. *Boy-Wives and Female Husbands: Studies of African*

Homosexualities. New York : St. Martin P, 1998. Print.

Neils, Teunis. "Homosexuality in Dakar: Is the Bed the Heart of a Sexual Subculture". *Journal of Gay, Lesbian and Bisexual Identity* 1(1996) : 153-170. Print.

Ogundipe-Leslie, Molara. *Recreating Ourselves: African Women and Critical Transformations*. Trenton, NJ : Africa World Press, 1994. Print.

Ouédraogo, Amadou. *Rites et allégories de l'initiation*. Paris : L'Harmattan, 2009. Print.

Ouzgane, Lahoucine et Robert Morell. ed. *African Masculinities: Men in Africa from the Late Nineteenth Century to the Present*. New York, Scottsville: Palgrave Macmillan/University of KwaZulu-Natal Press, 2005. Print.

Oyono, Ferdinand. *Une vie de boy*. Paris : Julliard, 1969. Print.

Parisot, Yolande. "Retourner la marge en centralité". Notre Librairie (L'Engagement au feminin) 172(jan-mars 2009) : 71-76. Print.

Parmar, Pratibha. "That Moment of Emergence". Gever, Martha, Pratibha et John Greyson. Ed. *Queer Looks: Perspectives on Lesbian and Gay Film and Videos*. New York : Routlege, 1993. Print.

Petty, Sheila. "The Rise of the African Musical : Postcolonial Disjunction in *Karmen Geï* and *Madame Brouette*". *Journal of African Cinemas* 1.1(2009): 95-112. Print.

Pfaff, Françoise. *A l'écoute du cinéma sénégalais*. Paris : L'Harmattan, 2010. Print.

---. "African Cities as Cinematic Texts". Pfaff, Françoise. ed. *Focus on African Films*. Bloomington : Indiana U P, 2004. Print.

---. "Sarraouina: An Epic of Resistance". Harrow, Kenneth. ed. *With Open Eyes : Women and African Cinema*. Amsterdam, Atlanta : Editions Rodopi, 1997, 151-158. Print.

Sartre, Jean-Paul. *Qu'est-ce que la littérature?* Paris : Gallimard, 2002. Print.

Schwartz-Bart, Simeone. *Pluie et vent sur Télumée miracle*. Paris : Seuil, 1980. Print.

Somé, Malidoma Patrice. *Of Water and the Spirit: Ritual, Magic, and Initiation in the Life of African Shaman*: New York : Putman, 1994. Print.

Spivak, Gayatari. "Radical Otherness and Hybridity : Timothey Findley's Not Wanted on the Voyage". Bill Ashcroft, Gareth Griffiths and Helen Tiffin, *The Empire Writes Back*. London, New York : Routledge, 1989, 96-101. Print.

Stendahl, *Le Rouge et le noir*. Paris : Garnier-Flammarion, 1964. Print.

Tadjo, Veronique. *Reine Pokou*. Arles : Actes Sud, 2005. Print.

Tamagne, Florence. *Mauvais genre: une histoire des représentations de l'homosexualité*. Paris : Éditions de la Martinière, 2001. Print.

---. "Genre et homosexualité: De l'influence des stéréotypes homophobes sur les représentations de l'homosexualité" *Vingtième siècle. Revue d'histoire* 75(juillet-septembre 2002) : 61-73. Print.

Tapsoba, Clément, "*Dakan*: Un discours inachevé sur l'homosexualité / An unfinished discourse on homosexuality". *Ecrans d'Afrique* 20, avril 1997. Print.

Tcheuyap, Alexie. *Postnationalist African Cinemas*. Manchester, New York : Manchester UP, 2011. Print.

---. “Esquisse d’une typologie des cinémas en Afrique noire”. *International Journal of Francophone Studies* 9.2 (2006) : 203-221. Print.

---. “Folie et création romanesque en Afrique”. *LittéRéalités* 11.1 (spring-summer 1999) : 54-69. Print.

Thiam, Awa. *La Parole aux nègresses*. Paris: Denoël/Gonthier, 1978. Print.

Ukadike, Nwachukwu Frank. *Questioning African Cinema: Conversations with Filmmakers*. Minneapolis : U of Minnesota P, 2002. Print.

---. *Black African Cinema*. Berkeley, Los Angeles, London : University of California P, 1994. Print.

Xiberras, Martine. *Les Théories de l’exclusion : pour une construction de l’imaginaire de la déviance*. Paris : Armand Colin, 1998. Print.

FILMOGRAPHIE

En attendant les hommes. Dir. Katy Lena Ndiaye. Neon Rouge Production, 2007. DVD.

Bintou. Dir. Fanta Regina Nacro. Perf. Alima Salouka Koné, Hoppolite Ouangrawa. Zimmedia, 2001. DVD.

Black...Black ain't a Personal Journey Through Black Identity. Dir. Marlon Troy Riggs et Nicole Atkinson. Perf. Bill T. Jones, Essex Hemphill, Angela Davis. California Newsreel, 1995. DVD.

Borom Sarret. Dir. Sembène Ousmane. Perf. Abdoulaye Ly. New Yorker Films, 2005. Film.

Camp de Thiaroye.. Dir. Sembène Ousmane. Perf. Sidiki Bakaba, Gustave Sorgho, Ismael Lô. New Yorker Video, 2008. DVD

Un Certain matin. Dir. Fanta Régina Nacro. Perf. Hyppolite Wangraoua, Andromaque Nacro, Abdoulaye Komboudri. Les Films du DÉFI, 1991. DVD.

Dakan. Dir. Camara Mohamed. Perf. Camara Mamady Mory, Cécile Bois, Diakité Koumba. California Newsreel, 1997. DVD.

Delwendé. Dir. Pierre Yaméogo. Perf. Blandine Yaméogo, Ilboudo Claire, Zongo Célestin. New Yorker Films, 2005. DVD.

Dilemme au féminin. Dir. Zara Mahamat Jacoub. ArtMattan Productions, 1994. DVD.

Un été à la Goulette. Dir. Férid Boughedir. Perf. Michel Boujenah, Haydee Samma-Chikly, Sonia Manka, Guy Nataf. Kino Lorber, 1996. DVD.

Every Little Thing (La Moindre des choses). Dir. Nicolas Philibert. Perf. Claude, Sophie, Jacques. Second Run, 2006. DVD.

Faat Kiné. Dir. Sembène Ousmane. Perf. Venus Seye, Mame Ndumbé Diop, Balde Mariame. California Newsreel, 2000. DVD.

Le Fauteuil. Dir. Missa Hebié. Perf. Barou Ouedraogo, Barthélémy Bouda, Norah Kafando. Faso Films, 2009. DVD.

Une Femme pas comme les autres. Dir. Abdoulaye Dao. Perf. Georgette Paré, Serge Henry, Abdoulaye Komboudri, Bakary Bamba, Hyppolite Wangraoua. Artistes Productions, 2008. DVD.

Femmes aux yeux ouverts / Women with Open Eyes. Dir. Anne-Laure Folly. Perf. Monique Ilboudo, Mariam Lamizana. California Newsreel, 1994. DVD.

Une fenêtre Ouverte. Dir. Khady Sylla. Perf. Aminata Ngom, Khady Sylla. Guiss-Guiss Com, 2005. DVD.

De Filmer le désir : Voyager à travers le cinéma des femmes = Filming Desire : A Journey Through Women's Cinema. Dir. Marie Mandy. Perf. Agnès Varda, Moufida Tlatli, Safi Faye, Patricia Rozema, Catherine Breillar, Carine Adler, Sally Porter. Arte, RTBF, Saga Film, 2000. DVD.

Finzan.Dir. Cheick Oumar Sissoko. Perf. Balla Moussa, Habib Dembelé. California Newsreel, 2008. DVD.

Karmen Geï. Dir. Joseph Gai Ramaka. Perf. Djeneba Diop Gaï, Magaye Niang, Thierno Ndiaye. Kino on video, 2001. DVD.

Keita, l'héritage du griot. Dir. Dani Kouyaté. Perf. Sotigui Kouyaté, Abdoulaye Komboudri, Hippolyte Ouangrawa. California Newsreel, 2000. DVD.

Les Maîtres-fous. Dir. Jean Rouch. New York Interama Inc, 1990. VHS.

La Moindre des choses. Dir. Nicolas Philibert. Kino International, 2009. DVD.

Moolaadé. Dir. Sembène Ousmane. Perf. Fatoumata Coulibaly, Mah Compaoré, Salimata Traoré et Dominique Zeïda. New Yorker Video, 2007. DVD.

Mossane. Dir. Safi Faye. Perf. Magou Seck, Isseu Niang, Moustapha Yade. Agence Internationale de la Francophonie, 1996. DVD.

*La noire de...*Dir. Sembène Ousmane. Perf. Mbissine Thérèse Diop. New Yorker Films, 2001.VHS.

Nous sommes nombreuses (TOZA É BÉLÉ). Dir. Moussa Touré. Films du crocodile, 2003. Film.

La Nuit de la vérité. Dir. Fanta Régina Nacro. Perf. Rasmané Ouédraogo, Georgette Paré, Moussa Cissé. First Run Feaures : Global Initiative, 2007. DVD.

Parlons Grand-mère. Dir. Djibril Mambéty Diop. La Médiathèque des trois mondes, 2003. VHS.

Rue Cases-nègres. Dir. Euzhan Palcy. Perf. Douta Seck, Garry Cadenat, Darling Legimitus. SU.MA.FA productions, ORCA productions, NEF productions, 1983. VHS.

Rue Princesse. Dir. Henri Duparc. Perf. Félicité Wouassi, Gérard Essomba Many, Georgette Paré, Akissi. Film Resource Unit, 1993. VHS.

Les Saignantes. Dir. Jean Pierre Bekolo Obama. Perf. Adèle Ado, Essindi Mindja, Joséphine Ndagnou. Cinenómada, 2009. Film.

Sarraouina. Dir. Med Hondo. Perf. Féodor Atkine, Aï Keïta Yara, Karim Koussein Traoré. MH Films (ex Films Soleil O), Soleil O, 1986. Film.

Sia, le rêve du python. Dir. Dany Kouyate. Perf. Sotigui Kouyaté, Dembélé Habib, Diawara Fatoumata, Ibrahim Baba Cissé. ArtMattan Productions, 2007. DVD.

Sisters of the Screen. Dir. Beti Ellerson. Perf. Safi Faye, Sarah Maladoror, Anne-Laure Folly, Naky Sy Savane, Therese M'bissine Diop. Women Make Movies, 2002. DVD.

Souvenirs encombrants d'une femme de ménage. Dir. Dany Kouyaté. Perf. Thérèse Parise Bernis, Claire Denieul. Les Productions de la Lanterne, Antilles Télévision et Cinquillo films, 2008. DVD.

Taafe Fanga. Dir. Adama Drabo. California Newsreel, 1997. DVD.

Tasuma, le feu. Dir. Kollo Daniel Sanou. Perf. Mamadou Zerbo, Keita Ai, Check Tidiane Seck. ArtMattan Productions, 2003. DVD.

Tilaï. Dir. Idrissa Ouédraogo. Perf. Rasmane Ouédraogo, Ina Cissé, Roukietou Barry. New Yorker Video, 1995. VHS.

Voleur de bicyclette. Dir. Vittorio De Sica. Perf. Lamberto Maggiorani, Enzo Staiola, Lianella Carell. Films sans frontières, 2001. Film.

Woubi Chéri. Dir. Philip Brooks et Laurent Bocahut. Perf. Avelido, Vincent, Barbara. California : Newsreel, 1998. DVD.

Xala. Dir. Sembène Ousmane. New Yorker Films, 2005. VHS.

Yaaba. Dir. Idrissa Ouédraogo. Perf. Sanga Fatimata, Noufou Ouédraogo, Roukietou Barry. New Yorker Video : 1999. VHS.

Yeleen. Dir. Souleymane Cissé. Perf. Youssouf Ténin Cissé, Issiaka Kane, Balla Moussa Keïta, Aoua Sangaré, Koke Sangaré, Niamanto Sanogo, Ismaila Sarr, Soumba Traoré. Pathé, 2008. DVD.

Zan Boko. Dir. Gaston Kaboré. Perf. Hippolyte Ouangrawa. California Newsreel, 1988. VHS.

Table des matières

L'HARMATTAN, ITALIA
Via Degli Artisti 15; 10124 Torino

L'HARMATTAN HONGRIE
Könyvesbolt ; Kossuth L. u. 14-16
1053 Budapest

ESPACE L'HARMATTAN KINSHASA
Faculté des Sciences sociales,
politiques et administratives
BP243, KIN XI
Université de Kinshasa

L'HARMATTAN CONGO
67, av. E. P. Lumumba
Bât. – Congo Pharmacie (Bib. Nat.)
BP2874 Brazzaville
harmattan.congo@yahoo.fr

L'HARMATTAN GUINÉE
Almamya Rue KA 028, en face du restaurant Le Cèdre
OKB agency BP 3470 Conakry
(00224) 60 20 85 08
harmattanguinee@yahoo.fr

L'HARMATTAN CAMEROUN
BP 11486
Face à la SNI, immeuble Don Bosco
Yaoundé
(00237) 99 76 61 66
harmattancam@yahoo.fr

L'HARMATTAN CÔTE D'IVOIRE
Résidence Karl / cité des arts
Abidjan-Cocody 03 BP 1588 Abidjan 03
(00225) 05 77 87 31
etien_nda@yahoo.fr

L'HARMATTAN MAURITANIE
Espace El Kettab du livre francophone
N° 472 avenue du Palais des Congrès
BP 316 Nouakchott
(00222) 63 25 980

L'HARMATTAN SÉNÉGAL
« Villa Rose », rue de Diourbel X G, Point E
BP 45034 Dakar FANN
(00221) 33 825 98 58 / 77 242 25 08
senharmattan@gmail.com

L'HARMATTAN TOGO
1771, Bd du 13 janvier
BP 414 Lomé
Tél : 00 228 2201792
gerry@taama.net

654639 - Mai 2016
Achevé d'imprimer par

1livre.com
du rêve à la réalité !